营销理念

海盗·商道

世界顶尖北欧企业如何"掠抢"市场

The Viking Manifesto
The Scandinavian Approach to Business and Blasphemy

重庆出版集团 重庆出版社

绝对伏特加酒瓶的创意理念源自18世纪的药瓶,摩登与传统并蓄的外型,默默传达这个品牌的个性与主张。

图片来源:易为公关 www.eastwei.com

一把小勺子
也能成就一门大生意！

今天，这把勺子除了躺在丹麦现代艺术博物馆里，还获得了2008年伦敦"家庭用品工业设计"金奖，在许多国家的户外店和家品商场里，它都在向人们展示着它的独特魅力！

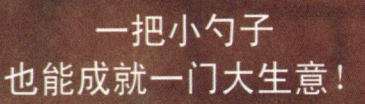

Spork
是勺子？
是叉子？
是小刀？
全都是

LIGHT MY FIRE®
www.Lightmyfire.com
瑞典乐美福生活用品

图片来源：乐美福中国总代理 www.ogear.net

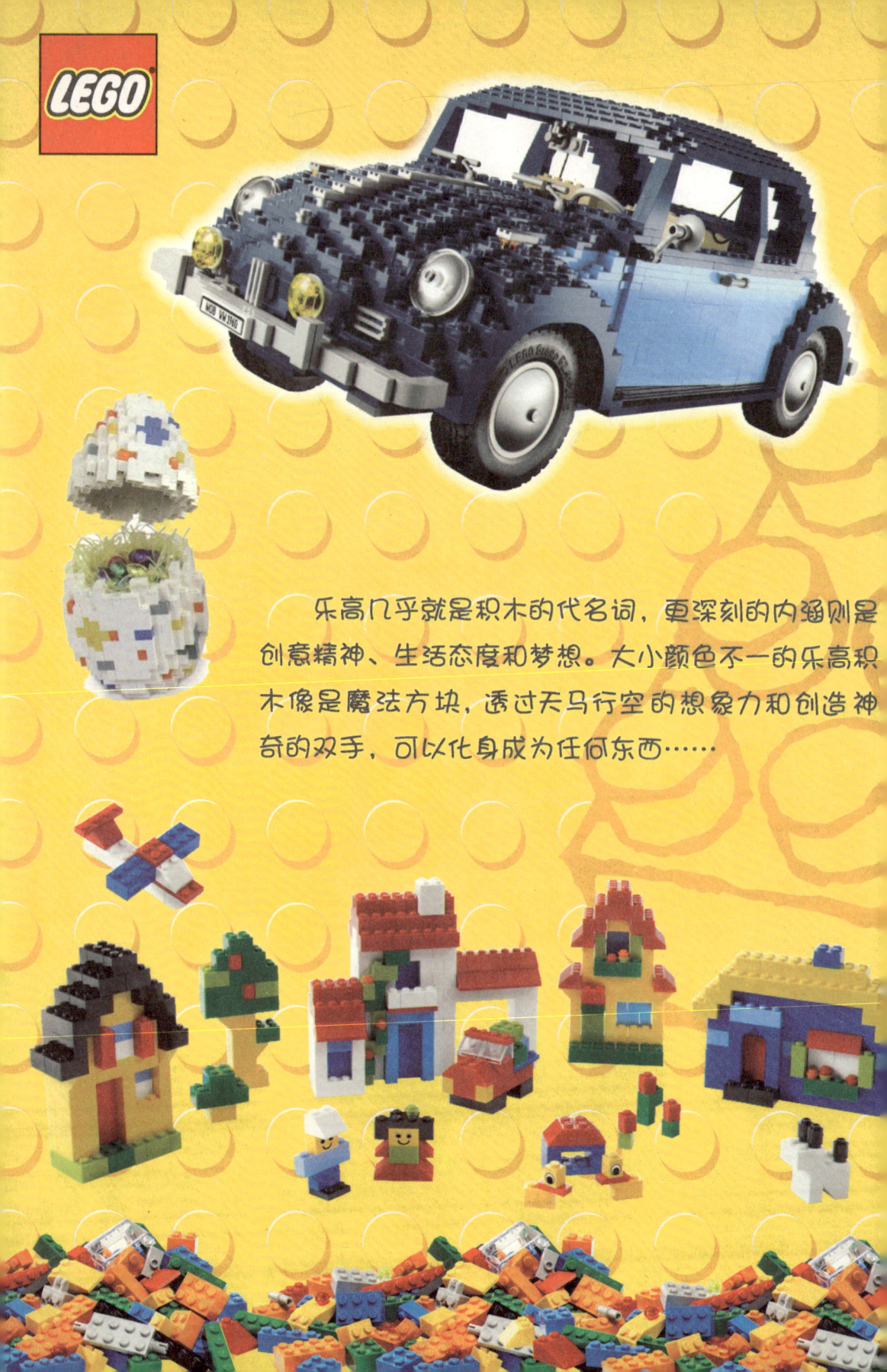

小积木拼出的大世界！

在丹麦、美国、英国和德国，共建有四座乐高主题公园。在那里，触目所及的一切，都是乐高积木组成的，那是一个可以让LEGO真正贴近生活的地方，充满了想象力和生活乐趣。

沃尔沃充电概念车以环境保护为宗旨,有着独特的插电式混合动力技术,其以减少二氧化碳排放为目的的技术解决方案获得了广泛认可。

沃尔沃汽车的第一辆车型ÖV4于1927年4月14日下线,标志着一个汽车企业传奇性的开端。"ÖV"是瑞典语"敞篷车"的缩写,"4"则代表四缸发动机。

沃尔沃C70是一款可以全方位满足驾驶者多重需求的三折式硬顶四座敞篷跑车，体现了沃尔沃品牌崇尚现代和创新的设计理念。

沃尔沃XC60兼备越野车的性能和跑车的个性的，专为追求运动特性的年轻精英打造，是有史以来最安全的沃尔沃车型。

图片来源：沃尔沃汽车公司（中国）www.volvocars.com

尤卡斯亚维（Jukkasjärvi）的居民自冰封的河川取材，建造出令人震惊的冰旅馆，吸引世界各地的游客追逐这至酷的冰冻体验。

冰旅馆内有酒吧和庄严肃穆的冰教堂。

图片来源：Ben Nilsson/Big Ben Productions
Artist/s：Cindy Berg, Marjolein Vonk, Jan Willem van der Schoot and Marinus Vroom
冰旅馆(ICEHOTEL) www.icehotel.com

THE VIKING MANIFESTO

The Scandinavian approach to business
and blasphemy

Steve Strid and Claes Andréasson

海盗·商道

世界顶尖北欧企业如何"掠抢"市场

〔美〕史蒂夫·斯特里德 (Steve Strid)
〔瑞典〕克拉斯·安迪森 (Claes Andréasson) ◎著

乐为良 ◎译

The Viking Manifesto: The Scandinavian approach to business and blasphemy
by Steve Strid and Claes Andréasson
Copyright © 2007 Steve Strid and Claes Andréasson
Copyright licensed by Cyan Communications Ltd.
Simplified Chinese Edition in China © 2009 Grand China Publishing House
This edition is published by arrangement with Andrew Nurnberg Associates International Limited
No part of this publication may be reproduced, stored in a retrieval system, or transmitted in any form or by any means, electronic, mechanical, photocopying, recording, or otherwise, without the prior written permission of the copyright owner.

版贸核渝字(2008)第82号

图书在版编目(CIP)数据

海盗·商道／〔美〕史蒂夫·斯特里德，〔瑞典〕克拉斯·安迪森著；乐为良译.—重庆：重庆出版社，2009.4
书名原文：The Viking Manifesto：The Scandinavian approach to business and blasphemy
ISBN 978-7-229-00376-0

Ⅰ.海… Ⅱ.①斯…②安… ③乐… Ⅲ.商业经营 Ⅳ.F715
中国版本图书馆CIP数据核字(2008)第200816号

海盗·商道
HAIDAO SHANGDAO

〔美〕史蒂夫·斯特里德
〔瑞典〕克拉斯·安迪森 ◎著
乐为良 ◎译

出 版 人：罗小卫
策　　划：中资海派·北京华章同人
执行策划：黄　河　桂　林
责任编辑：陈建军
特约编辑：孙丽莉
版式设计：张　英
封面设计：宋晓亮

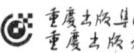
重庆出版集团
重庆出版社 出版
(重庆长江二路205号)

深圳市彩美印刷有限公司制版　印刷
重庆出版集团图书发行公司　　发行
邮购电话：010-85869375/76/77 转810
E-MAIL：sales@alphabooks.com
全国新华书店经销

开本：787×1092mm　1/16　印张：12.5　字数：135千
2009年6月第1版　2009年6月第1次印刷
定价：28.00元

如有印装质量问题，请致电：023-68706683

本书中文简体字版通过Grand China Publishing House (中资出版社) 授权重庆出版社在中国大陆地区出版并独家发行。未经出版者书面许可，本书的任何部分不得以任何方式抄袭、节录或翻印。

版权所有　侵权必究

Steve Strid

INTRODUCTION TO
THE CHINESE EDITION

Not so many years ago, there was a remote country struggling to get by. It had once been a major power, but was now considered poor, backward and lagging behind. It had a colourful history, but that history didn't put food on the table.

Today, this country is one of the world's richest countries on earth per capita. The country is Sweden, but it could just as well be China.

Sweden went from poverty to wealth in a little over a hundred years as did its Scandinavian neighbours Norway, Denmark and Iceland. A region that only represents0.3% of the world's population now produces 3% of the world's exports and is home to many of the world's best known international companies.

China too has a long colourful history and is in the middle of a similar amazing transformation from hard times to wealth, from low tech to high-tech, from obscurity to dominance.

But this book is not about the transformation of Scandinavia or China, it is about the transformation of one person. You. The key is looking into your heart, into your past, into your country's past mind and discovering things that make you smile.

This book is about business and marketing, but it is as much an inspirational guide to successful living. The keys to success in business are as much moral and philosophical as they are financial. And never underestimate the power of a good laugh. (Hopefully, you will get a few in this book as well.) At this writing, *The Viking Manifesto* has been translated into 13 languages including Japanese, Russian, German, Spanish and Korean. Theoretically, it can be read by most of the world's population, which is important.

Today, we're all a piece of the same fabric, we need as many uniting threads as possible, however small, to tie us together. As the world gets smaller we must think bigger and that's what this book is all about. East and west were once worlds apart, but are now a world together. We must learn from

each other and think internationally in everything we do. We must share the burdens and but also the laughs. That, also, is what this book is about.

The Viking Manifesto offers more inspiration than practical advice for a simple reason: the solutions to life's problems are to be found not in the wise words of others, but in yourself. You are the future of the world, if you are open to it. As the Vikings may once have said "Success is all about head, heart and guts."

Good luck changing the world and I hope you enjoy the book.

September, 2008

中文版序言

一个世纪以前,在世界的某个角落,一个民族正处于艰苦的奋斗时期。这个民族曾经无比辉煌,后来却重回贫穷、落后、停滞不前的境地。尽管它有着丰富而悠久的历史,但历史并不能变成食物摆上餐桌。

一个世纪后的今天,这个国家已经成为世界上最富有的国家之一。这个国家就是瑞典。不过,这个国家也可以是你们这个伟大的国家,中国。

与瑞典在北欧的邻居挪威、丹麦、冰岛等国一样,瑞典只用了100多年的时间,就实现了从贫穷到富裕的巨大飞跃。瑞典的人口仅占世界人口总量的0.3%,却生产出了全球3%的出口商品。同时,它也是众多世界知名企业的发源地。

中国也有着悠久而辉煌的历史。如今的中华民族正走在从贫穷到富有,从技术匮乏到科技领先,从默默无闻到具有国际影响力的道路上,这一转变历程同样令人震惊。

但是，本书的目的并不在于讲述北欧或者中国的变革，而是关于个人的变化，那就是你！阅读本书的关键在于，你必须深入挖掘自己的内心和过去，努力发掘自己民族的传统智慧，然后就会发现一些让自己微笑、感动的地方。

本书主要是阐述北欧维京人的商业理念和营销策略，但同时，它也能有效地激励并帮助人们在生活和事业中获得成功。请记住，衡量事业是否有成的标准不仅在于金钱，道德与人生哲学也同样重要。无论什么时候，我们都不能低估一个善意的微笑所拥有的力量（希望每位读者都能在阅读本书过程中不时会心一笑）。

到目前为止，《海盗·商道》已经被翻译成13种语言，包括日文、韩文、德文、俄文和西班牙文等。可以说，全世界大部分的人都可以读到这本书，这一点在今天非常重要。

今天，作为同一世界版图中的一份子，我们应该尽可能多地建立联系，不论我们彼此的共同点是多么微小。目前世界变得越来越小，而我们的视野必须越来越广，这是本书的宗旨所在。过去，东方和西方是互不往来的两个世界，而现在二者已经成了一个整体。东西双方都必须互相学习，培养国际化思维，并且一起分担责任，分享成果。

《海盗·商道》之所以侧重于启发读者的思维而不是单纯提供建议，是因为别人的忠告并不能解

决你的人生问题，一切都要靠自己去发掘、去体会、去探索。打开心扉，你就是整个世界的未来。

正如维京人所言，"头脑、心灵和勇气，这就是成功的秘诀"。

祝你在改变人生、改变世界的旅途中一路顺风！同时真心希望你能喜欢这本书！

史蒂夫·斯特里德

2008年9月

 # 经济学家梁小民推荐

清华大学 EMBA 教授

从海盗到文明人

"历史上北欧的海盗是最早进行航海和商业贸易的人。贸易活动是市场经济的起点,北欧人由此逐渐走向市场经济制度,在这基础上人们可以利用自己原有的优势,也可以创造新的优势。"

北欧人长得人高马大,1.78 米只能算"全残废"或"半残废",两米以上者比比皆是。但他们宾馆的床,尤其是一些有历史的宾馆的床,却又窄又短。北欧人解释说,他们的祖先以航海和当海盗著称,船上地方有限,床就不能做大。久而久之成了习惯,用到家庭和宾馆中,也没有感到什么不方便。

北欧人古代称维京人,是世界史上赫赫有名的海盗。他们从八世纪起到十三、十四世纪横行海上,在英国、法国、意大利等地抢劫杀人,以残忍好战著称于世。北欧人谈起这一段历史,坦荡得很,不

像一些做过坏事的民族那样，闭口不承认。在瑞典、挪威、丹麦等国的各种博物馆中，都展示了当年海盗的种种罪行和掠夺得来的财宝。挪威首都奥斯陆甚至还有专门展示这一段历史的海盗博物馆。一个敢于正视历史的民族就会前进。今天的北欧已是举世公认的文明社会，其社会和谐，人民安居乐业，成为其他国家的楷模。昔日海盗的后代成了彬彬有礼的君子。

　　这种转变是如何发生的呢？其实维京海盗也是最早进行航海和商业贸易的人。瑞典的库德兰岛过去是海盗的基地，后来则成为连接俄罗斯等东欧国家和西欧海上贸易的枢纽。贸易活动是市场经济的起点。北欧人靠着他们的强悍和开放，逐渐走向市场经济制度。这就有了以后的经济繁荣，在经济繁荣的基础上又建立了现代文明。**当北欧人贫穷时，他们不得不当强盗，但当他们富起来时，就走向文明了。经济决定一个国家的文明程度，这是不需要证明的公理。**

　　北欧天寒地冻，也谈不上地大物博。但是自然资源对于一个国家的经济发展并不是至关重要的，关键还在于经济制度。没有市场经济制度，自然资源再丰富也难免处于贫穷、野蛮的状态。有了市场经济制度，自然资源再缺乏也会有发达的经济。现在的许多贫穷国家是前一种情况的例子。北欧国家则是后一种情况的例子。

从历史上看，北欧国家的市场经济要略晚于荷兰、英国、法国、德国这些西欧国家，但只要有市场经济制度，赶超并不困难。依靠市场经济来实现发展关键是要找到自己的比较优势，通过与其他国家的贸易来取得成功。而且任何一个国家都不会一无是处，总可以找到自己的优势。北欧国家水利和森林资源丰富，又面临大海，这就使它们从发电、木材、造纸、造船、渔业、远洋航海开始发展经济。至今，这些国家的这些行业在世界上仍然处于领先地位。世界最大的航运公司马士基公司就在丹麦。挪威、瑞典的造船、渔业以及芬兰的造纸这些传统行业仍在国民经济中占有重要地位。

当然，如果仅仅利用自己原有的比较优势，发展还会受到限制。要持续发展，还要不断寻找和创造自己的优势。上世纪六七十年代挪威北海油田的发展与开发就使它从北欧中较为落后的国家成为人均收入最高的国家。如今石油给挪威带来的财富占到GDP的20%左右。瑞典并不是一个钢铁大国，但它的机械工业却是名扬四海的。今天有谁不知道沃尔沃(Volvo)或者萨博(Saab)呢？猪原本不产在丹麦，但今天丹麦的养猪业却是世界最先进的，仅存栏量就有5 000万头——别忘了，它的人口不足500万。人均10头猪，有哪个国家能比？手机也不是芬兰人发明的，但诺基亚独占这个市场的1/3。有了市场经济制度，人们可以利用自己原有的优势，

也可以创造新的优势。这就是北欧成功之路。

　　经济并不等于文明，仅仅是经济发达还称不上文明。文明还需要文化，需要全民族文化素质的提高。瑞典的科学和文化在世界上也是领先的。世界上最著名的大将诺贝尔居然出自这个小国。经济学中的瑞典学派不亚于其他任何一个流派，他们的《斯堪的那维亚经济学评论》至今仍是世界顶尖级学术刊物。挪威的易卜生，丹麦的安徒生，哺育了全世界一代又一代的人。去看看瑞典乌普萨拉的那些古老大学、挪威奥斯陆的维格郎雕塑公园、芬兰的现代艺术博物馆，听听挪威作曲家乌勒·布尔、芬兰作曲家西贝柳斯的音乐，就可以领略到他们的文化达到了怎样一个高度。更令我惊讶的是瑞典出版的《狄更斯全集》早在1926年就出齐了。高度的文明靠教育，在瑞典我参观了一间19世纪末20世纪初建立的小学。那课桌比我童年时使用的都要好。老师的住房由学校提供，且高于当时一般水平。从这样的设备，当然可以设想出当年的教育水平。瑞典的斯德哥尔摩大学、乌普萨拉大学、挪威的奥斯陆大学、卑尔根大学、丹麦的哥本哈根大学，都属于世界上最古老的大学。从小学到大学的完善教育制度，培养出了有文化的国民。在这个基础上就有了诺贝尔奖，有了至今我们敬仰的文化名人。更重要的是有了文明的普通人。

　　不少去过北欧的国人都对北欧推崇备至，甚至

倡导学北欧模式的民主社会主义。**别人的模式我们当然无法照搬，但北欧通过市场经济走向物质文明，通过教育和文化走向精神文明的成功之路，的确有许多值得我们借鉴之处。**无论是从古代礼仪之邦到现代文明之国，还是从海盗到文明人，起点不同，路是大体相同的。

地产营销专家李虎毅推荐

我花了很长的时间才读完这本书。没有别的原因，唯一的理由是这本书让我从一翻开就不忍卒读。

其实这本书的故事性、趣味性和作为营销教材的可读性都可以说非常强而且简单扼要，可我却一直情不自禁地会从文化的角度去领悟这些文字的内涵——仅仅是"维京人"这个名字本身的三个字就足足让我心驰神往地驻足了很久。

然后，追溯着1 000多年前的北欧旅行者远航的足迹走遍了整个欧洲，南临红海、西到北美、东至巴格达……感受着旅行者的勇气、荣誉、文明、传说、还有浸透在他们生活方式中的幽默感，又随着感受随着想象随着那遥远的历史通道自由地回到现实，在现实的状态中去回味影响人类历史和文明进程的这一重要部分。我想，这是本书最让人入迷的地方之一。

另一个引人注目的方面体现在这本书跳跃、跨越式的写作体裁上：书中讲述的过往历史犹如是在

这一个个口头传唱的故事中,让人相信这些片断、这些精髓会代代流传下去,相信还会流传许多年。

感受这所有的一切,于是获到了读书之外的感悟:一种文化形态、一种生活方式、一个族群的历史、一个企业的生命力,最重要的就是速度、耐力、技能与创新要素。

很难有一本仅略5万字的小书能让我这样长时间的耗费与思考,所以特别乐意把这本书和自己的感受推荐给所有的朋友。

全策行　深圳全策行地产顾问有限公司

李虎毅　董事长

权威媒体推荐

英国《泰晤士报》(*Times*)

宜家(IKEA)、乐高(Lego)、沃尔沃(Volvo)、爱立信(Ericsson)……这些如雷贯耳的品牌背后都有现代维京人创造的辉煌的营销故事。《海盗·商道》向我们揭示了他们成功的秘密：以众所周知的常识、基本的礼貌和出其不意的行动抢占市场。作者史蒂夫·斯特里德和克拉斯·安迪森认为，维京人的信条就是让创新和冒险精神融入企业和社会文化中，发挥其强劲的拉动作用，提升生活品质。本书分成很多个小点，每一个信条都揭示了维京策略的重要原则……

《海盗·商道》将带你进入一段愉快的阅读旅程，你会捕捉到那些灵光闪现的时刻。它的建议或许并不那么细致入微，你也不能照抄照搬，但这些独特的斯堪的纳维亚(Scandinavia)方法可以激发企业家的创意，让你的品牌乘风破浪，迅速扩张。

英国《卫报》(The Guardian)

以偷袭与凶残掠夺闻名的维京海盗,过去是最不受欢迎的客人。如今时代变了,现代人对维京海盗的后裔和来自北欧的产品却是热烈推崇。目前,"维京人入侵"有两种方式。一方面,宜家、绝对伏特加(Absolut Vodca)等公司在英国已经深入人心;另一方面,北欧人对英国公司进行突袭,冰岛银行Kaupthing、零售集团Baugur等都对英国有上亿元的投资……

《海盗·商道》就是介绍北欧企业成功之道的新书。作者史蒂夫·斯特里德认为,北欧企业家拥有头脑、信心、勇气以及冒险的欲望等成功所需要的一切气质,他们的品牌扩张得益于"打破规则"的做法。

斯特里德认为,维京人总爱观察世界其他地方的发展动向,因为他们国内的市场实在有些狭小。对他们来说,最不能忍受的就是无声无息地老死去,他们会锁定要实现的目标,然后不顾风险勇往直前。

目 录
Contents

中文版序言 / 8
经济学家梁小民推荐 / 11
地产营销专家李虎毅推荐 / 16
权威媒体推荐 / 18
作者的律师给读者的提醒 / 26
公元 900 年以后　维京人的新动态 / 27
维京人的商道 / 30
本书的地图 / 32
前　言 / 33

A 海盗营销

第 1 条	心动不如行动 / 43
第 2 条	好点子闯天下 / 45
第 3 条	珍惜过去，把握未来 / 47
第 4 条	品牌与愿景 / 50

53 / 出航前的叮咛	第 5 条
65 / 规划你的品牌营销战	第 6 条
66 / 弱点 = 突破口	第 7 条
68 / 挑战权威	第 8 条
71 / 想得小，看得远	第 9 条
74 / 想得大，找小空隙	第 10 条
77 / 说到不如做到	第 11 条
80 / 到经济不发达的地方去淘金	第 12 条
82 / 品牌的价值	第 13 条
84 / 要谦逊而粗鲁	第 14 条
87 / 目标顾客也想被诱惑	第 15 条
90 / 免费力量大	第 16 条
92 / 以不变应万变	第 17 条
95 / 由点到面	第 18 条
99 / 学习新数学	第 19 条
103 / 产品力求完美	第 20 条
105 / 营销活动的关键是营销产品	第 21 条
107 / 品牌的威力和性格	第 22 条
110 / 竞争第二	第 23 条

第 24 条 | 工具一样，用法不同 / 113

第 25 条 | 广告不管用是好事 / 114

第 26 条 | 好故事更值钱 /116

第 27 条 | 维京人的禅 / 119

第 28 条 | 敢于打破固有模式 / 122

第 29 条 | 培训也是一种营销手段 / 125

B 企业文化

第 30 条 | 叛逆的道德观 / 131

第 31 条 | 人人当家 / 133

第 32 条 | 美丽的错误 / 136

第 33 条 | 难题是经理人的好朋友 / 139

第 34 条 | 狂暴战士宜做先锋不宜领航 / 142

第 35 条 | 暴力不是一桩好买卖 / 146

第 36 条 | 善待员工不亏本 / 148

第 37 条 | 巾帼不让须眉 / 151

155 / 竞争太无聊	第 38 条
158 / 激励士气千万别靠奖惩	第 39 条
161 / 少说废话	第 40 条
163 / 重拾作决策的艺术	第 41 条
165 / 以诚相待	第 42 条
167 / 值得效仿的创意	第 43 条
170 / 律师压底	第 44 条
173 / 回馈社会	第 45 条
176 / 黄金一般的争议	第 46 条
177 / 重新认识金钱	第 47 条
181 / 危机处理有两招	第 48 条
184 / 市场调研是把双刃剑	第 49 条
186 / 成功不只是靠运气	第 50 条

188 / 公元 900 年以后发生了什么	附 录

Beware, the half - wise are everywhere.

小心，到处都是一些只爱卖弄小聪明的人。

——摘自《哈维默》
(*Hávamál*，13 世纪维京人诗经)

作者的律师给读者的提醒

  书中所提到的一切有关攻击、强奸、嗑药、偷窃、毁坏房舍、杀害僧侣的情节，都只是用于文学与比喻（一种表达方式，为了让描述更生动，而拿一个概念与另一个概念作比较；这种比较是象征式的，而非确有其事。）的表达，仅此而已。
  这些行为既不道德，在多数国家也不合法，切勿在家照做。

公元 900 年以后
维京人的新动态

维京人是一群未开化之民，他们不按牌理出牌，不遵守游戏规则。他们凭着好点子大举来犯，而不是挟千军万马。这个点子很简单，就是攻其不备并大肆掠夺。维京人会仔细挑选对象，并出其不意发动攻击。他们身上挂满武器，靠喝酒嗑药保持高昂的斗志。他们是全球化的忠实信徒，也笃信必须付出血汗的代价才能得到成功。

然而，就是这一伙野蛮人，在哥伦布发现美洲之前 500 年就对世界了如指掌，还建造了世界上航速最快的船。几百年来，他们是欧洲商业界真正的王者。他们建立了从斯堪的纳维亚到俄罗斯，从中东到非洲的贸易路线；他们在公元 930 年成立了世界上第一个运行机制比较健全的国会；他们也是最早发现北美洲的欧洲人。他们的社会讲求平等，使妇女享有平等的待遇，这是现代社会到来之前闻所未闻的。

今天，维京人已经建立起世界上最和平、最富裕的国

家。虽然现代维京人总人口只能勉强填满一座大城市，但他们却打造出了几个全球最著名的成功营销个案，如宜家家居、乐高积木、绝对伏特加、沃尔沃汽车、汉尼斯与毛利兹服饰(Hennes & Mauritz)、爱立信电信、伊莱克斯家电(Electrolux)、萨博汽车(SAAB)、艾波比工业自动化(ABB)、斯堪斯卡建筑(Skanska)、SCA纸品公司、阿斯利康制药(Astra Zeneca)等，它们在营销方面都有着突破历史的创举；而"诺贝尔奖"这个文化象征更是家喻户晓。瑞典还是全球第三大流行音乐出口国，仅次于美国和英国。没想到吧！

维京人已成为社会民主党党员，他们是自由社会的典范，如今依旧不喜欢遵守游戏规则。维京人现在说话含蓄多了，但他们依旧保持潇洒和自我。他们虽然没有一支像样的军队，但他们以出色的点子、新的营销策略、广告和文化发动攻击。彼此有别的维京人企业在各不相同的领域寻求销售业绩的突破，却又奉行同一个信念。

这个信念就是"维京人宣言"(the Viking Manifesto)。它虽未用白纸黑字加以说明，却是深入人心的斯堪的纳维亚哲学。**"维京人宣言"是一种塑造品牌和经营公司的新方式，它的理念是勇于探索创新、讲究团队合作、善于制造故事、满怀信心和勇气并富有游戏精神**。"维京人宣言"描述的是一种全新的经营方式，强调以众所周知的常识、基本的礼貌与出其不意的行动抢占市场。要想叫它别的名字也行，随便找找也有半打以上。奉行"维京人宣言"的人，不仅仅是斯堪的纳维亚人，还有许多非营利组织与私人企业。"维京人

宣言"将教会我们如何积极驾驭文化冲击的惊人力量。虽然其中不少方法离经叛道，甚至有点亵渎正统的味道，但它们是新颖的，也是古老的，都很灵验。

维京人又来了！别怕，这次他们是来做生意。

维京人的商道

维京人没有固定的城市、国家或族群,他们没有留下宏伟的纪念碑、建筑、庙宇、教堂,也没留下什么美食名菜,只有些许文字流传下来。可以证明他们存在过的证据少之又少,但不知为什么,"维京人"这个概念人尽皆知,就像罗马人与希腊人一样响亮。维京人的长船在亚洲已是家喻户晓,就像古罗马竞技场一样深入人心。

大约50年前,我们大概有十几种说法来形容这个现象,现在则叫做"创品牌"。维京人曾盲目地使用暴力,如今他们踢掉靴子,摇身一变成了激励大师、营销人员和创造故事的人。

他们不改本色。瑞典、丹麦、挪威与冰岛的人口加起来还不到2 000万,这些今天的维京人总数还不到世界人口总数的0.3%,出口的产品却占全球出口总量的3%。斯堪的纳维亚的产品质量上乘,品牌横扫整个世界。

他们有何秘诀?

当然有。现代维京人有着与众不同的心态,而这个心态才是他们胜出的关键。这也是本书的重点:告诉你一些可让

你的公司、产品、组织或事业闯出一片天地的方法。这些方法可用于商界、慈善事业、各类组织以及反全球化运动。这些方法解释了为什么广告没有效果,为什么广告无效是一件好事,为什么竞争毫无意义,为什么奖惩是一种糟糕的激励方式,为什么金钱不能让世界运转。

这么说还不算太离经叛道,"维京人宣言"还要告诉我们的是,如何暗中建立一流的公关,同时解释为什么律师要在门外等候。

本书虽然借鉴了维京文化,但并不是一本历史书。它也不是一本歌颂斯堪的纳维亚成功企业的书,而是以他们的成功范例为哲学起点,**告诉你做生意一定要有锐利的武器、精准的判断和精明的头脑。**

这是一种拒绝疯狂的方法。

本书的地图

本书分成两部分:海盗营销和企业文化。每一部分都侧重分析形成"维京人宣言"的原则与态度。

请随意把营销(Marketing)换成促销(Promotion)、广告活动或其他任何东西都可以,只要你觉得那更适合你的专业领域(慈善事业、社会活动、教育等)。

企业文化(Corporate Culture)也一样,你可以改称为组织文化(Organizational Culture)、团队激励(Motivation)、领导力(Leadership)、社区文化(Community Culture)或管理(Management)等,只要你喜欢。

前 言

"没有人会买瑞典的伏特加!"

这个计划还没推出就已注定失败。

1978 年,6 位来自欧美的大牌营销顾问说了上面那句话,他们以可靠的研究、营销分析、消费者调查以及一些闭着眼睛都知道的常识来支持他们的结论。他们在大西洋两岸花了数百个小时,紧盯着各地商店的伏特加货架,最后断定:

"没有人会买瑞典的伏特加,忘了这件荒谬的事吧。"

瑞典葡萄酒与烈酒集团 (V&S Vin och Sprit AB) 听了他们的劝告,毕竟他们是一家国营的垄断企业,而他们的国家小得人们在地图上几乎找不到。1917 年以来,瑞典酒精饮料的生产与进口都由他们专营,他们仅有的一点出口经历也不堪回首。

顾问团作出宣判的几个月后,集团总裁拉斯·林德马克 (Lars Lindmark) 和董事长埃贡·雅各布森 (Egon Jacobsson) 一起请求董事会同意他们出口绝对伏特加。后来他们两人只拿到一笔小得可怜的预算,而且还有人要求他们好自为之。当他们说在不久的将来,绝对伏特加可以为公司贡献一半的

销售额时,他们得到的只是一些嘲笑。

我们很难在当时就看出这家公司会在国际烈酒市场上异军突起。烈酒市场已被大集团、帮派、跨国企业瓜分,想做这件事,门儿都没有。他们唯一有的就是这种叫做"绝对伏特加"的产品。

在此 100 年前,也就是 1879 年,绝对伏特加在瑞典狂销热卖。在 19 世纪末的销售顶峰,伏特加每年的销量超过 1 亿升。1979 年,他们庆祝绝对伏特加在瑞典热销 100 年。

这个项目继续推行。酒瓶要重新设计,厂家希望设计出既有现代气息,又能延续 500 年伏特加酿酒传统的新酒瓶。设计组经历了多次失败的尝试后,决定改造一个来自 18 世纪瑞典药瓶的设计。他们初步拟定了营销计划:只靠新酒瓶和一份质量声明,不打造偶像宣传、不强调生活方式,但要带点风趣的广告语,"瑞典制造"几个字则留作背景。

瑞典葡萄酒与烈酒集团瞄准了美国市场,接着就寻找经销商和美国广告代理公司。他们的成功可能性很小,所以大经销商拒绝了他们;他们没有预算,因此也被大广告代理商拒绝。

最后,新泽西一家小进口商卡里隆公司 (Carillon) 把它纳入了自己的经销商品中。这家公司经销的商品包括法国"柑曼怡香橙甜酒"(Grand Marnier) 以及一些针对利基市场("利基"是 niche 的译称。利基市场指市场中通常为大企业忽略的某些细分市场。——译者注)的产品。这家公司有 60 个职员,老板米歇尔·卢奇 (Michel Roux) 是个古怪的法国人,他竟能看出瑞典的伏特加具有市场潜力。

与此同时，刚在纽约设立办事处的欧洲广告代理商TBWA(作为全球最大的传播集团Omnicom的子公司，在业内以创意成名。TBWA是全球增长最快的跨国广告公司，全球总营业额名列世界第九。——译者注)接手了绝对伏特加的广告业务，他们有心把斯德哥尔摩这单生意做成一个大的营销活动。他们认为这单小生意挑战性十足，并也想借机一展身手，在纽约立足。他们请戴维·瓦希曼公司(David Wachsman and Associates)来推动公关业务，邀请媒体做评论报道，让有限的预算产生持久的效应。

在接下来的20年里，绝对伏特加开创了营销与公关的新局面。在20年内从一个默默无闻的瑞典本土伏特加，被打造成销售量排名世界第三的烈酒品牌。绝对伏特加是史上最成功的品牌之一，它的成功靠的就是打破很多最基本的品牌行规：

◆ **拥有庞大的营销预算**。绝对伏特加没有。

◆ **加大宣传声势，向大众市场打广告**。绝对伏特加只是有限地使用专业杂志的平面广告。

◆ **产品一定要摆在货架的显眼位置**。绝对伏特加的酒瓶透明清爽，不贴任何纸质标签。

◆ **注意竞争对手的每次行动**。绝对伏特加基本上不理会竞争对手。

◆ **利用名人效应和人们对生活方式的诉求**。绝对伏特加除了酒瓶什么也没有。

◆ **想当然地认为消费者都是傻子**。绝对伏特加的广告

语充满睿智。

很显然,绝对伏特加的营销方式新颖且与众不同。其实,它只是一幅图画的一小部分,许多斯堪的纳维亚公司以同样的策略,成功打造了品牌。一种模式俨然成形,一种方式亟待界定。

快快起草"维京人宣言"吧!

让亵渎开始吧!

"维京人宣言"就是拿离经叛道当游戏。有了原创的构想,再用不同的方式表达出来。

维京品牌就像几百年前维京人的突袭,会倏然冒出来,设法克服所有的困难,最后取得成功。维京品牌是引领潮流的先锋,但又和过去紧密相连。这类品牌中的大部分替广告、营销与公关争回了一点尊严。它们语调轻柔,但一定能被人听到。这些品牌成功地走出了自己的路,因为它们具有营销界长期忽略的两大价值:无限的勇气和有限的幽默感。

我们试图定义斯堪的纳维亚那些成功故事背后的共同因素的时候,我们找到了几个源远流长的文化特质。现代斯堪的纳维亚人是现代价值的典范,这些价值就是人文主义、民主与自由企业。

1 000年前,维京人用敌人的头颅当酒杯;今天,他们以平整的包装卖家具。维京人很快就知道,使他们的老祖先抢掠成功的因素,也能让他们成为成功的商人。维京人最终得出一个结论:不论掠夺能产生多少暴利,这一行都是没有

前途的，尤其是攻其不备这招，用了几百年早成了老套。他们决定把国际商务作为唯一一条明智的出路。这个想法很有力量，却存在争议，你看世界的现状就明白了。

事情的简单真相就是：从长远来看让大家都赚钱比偷窃更有利可图。

一点也没错。

A 海盗营销

维京人的长船小而不起眼,破坏性却极大。这些船的长度约为 40 至 100 英尺 (16 至 36 米),绝对是那个时代最快的船。这些船耐风浪的程度让你难以想象,还可以在地面上被长途运载或拖行。也就是说,维京人的长船能做到你认为不可能的事。它不但可以在任何地方登陆,还能横跨一条条河流,穿越一个个国度。还有什么比来自内陆船队的突袭更令人害怕的呢?

"维京人宣言"想要告诉大家的就是这种本事。

信 条
Principles

维京人在出发杀敌前，会花很长一段时间来唱诗。他们的血腥暴力与文明优雅的气质如此奇特地混融于一体。

现代北欧人以绝地反击的勇气和不拘一格的创意抢占世界市场，创造了我们这个时代最著名的品牌营销故事。

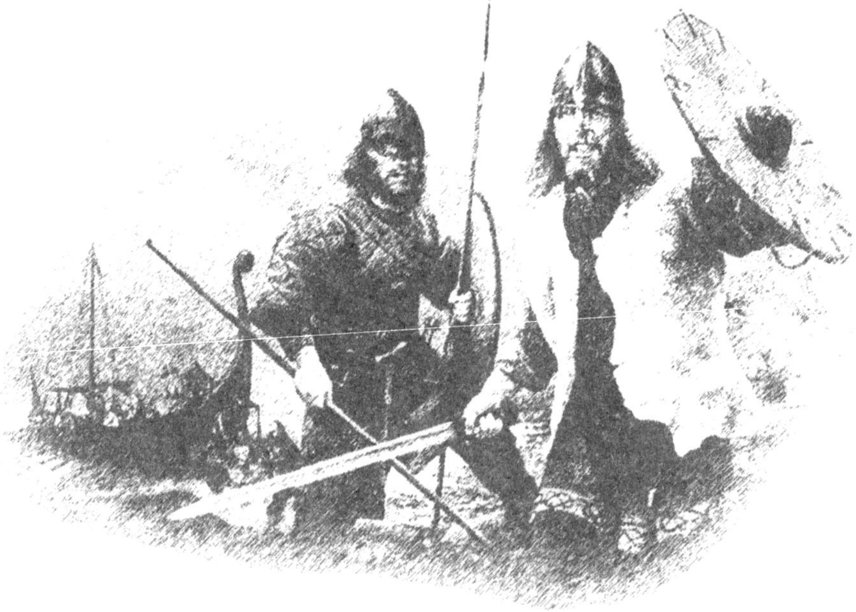

1

心动不如行动

> 懦夫以为,只要从战场上撤退,就能安享晚年。但到了晚年,他将不得安宁,虽然长矛饶过了他的四肢。
>
> ——摘自《哈维默》

很多人死的时候,都把梦想当成了陪葬品。我们觉得生活百般无聊,多半是因为我们更想做些别的事——做生意、担任公职,甚至是行善或投入艺术创作。

生命并不是一场游戏,甚至连一场服装秀彩排都不是。只会扮演其中的角色、不会真正生活的人,错过的东西一定比他想象的要多。只要是重要的事情,就一定要冒点风险才能做成。

维京人认为天堂"瓦尔哈拉"(Valhalla 是北欧维京人神话中天堂里的神殿、勇士死后的乐园。——译者注)是赏给地球上的勇士的奖品。在这样的一个天堂里,你得在刀光剑影下求生存。若是受了伤,到了晚上伤口就会痊愈,接下来就可与天神同桌畅饮。天不怕地不怕的维京人所能想到的最糟糕的事情就是老死。抱着这种想法,再加上服用一定剂量的药物,就能让维京人在对阵杀敌时视死如归。

现代维京人做生意的方式与1 200年前没什么两样,都得冒若干风险。在维京人猖狂的年代,风险就意味着一把利器刺穿你头颅的概率。现在,你可能碰上的最可怕的利器就是把你的信用卡咔嚓剪断的那把剪刀。

今昔的风险已截然不同,但梦想依旧远大。

维京人做事的第一步就是先搞清楚自己到底想要什么,并承受随之而来的风险。

2

好点子闯天下

> 只有自己的头脑知道什么东西最接近自己的内心,每个人都要自己去判断。
>
> ——摘自《哈维默》

某人曾对一个朋友说,他有个极好的点子,但担心被人偷走。友人回答说,即使他的点子只有一点点原创性,他都要用尽一切手段,让别人注意他的点子。历史上名人被拒的例子很多。一位大牌经纪人拒签披头士乐队,因为他认定吉他乐团已经过时;乔治·奥威尔 (George Orwell) 的《动物庄园》(Animal Farm) 被退稿,因为有人认为书里有反俄情节;史蒂夫·乔布斯 (Steve Jobs) 制造家用电脑的想法被雅达利 (Atari) 否定等,这类例子不胜枚举。

好点子经得起各种考验。好点子对人类的心理有一种神

奇的影响力，它们所需要的只是伺机大力地推销。

你有什么好点子？你心里应该很清楚。是时候拿出来做些事情了。

3

珍惜过去，把握未来

> 要想获得原创的灵感，需首先回顾过去。
>
> ——埃纳·贝耐迪克森
> (Einar Benediktsson, 1864—1940)
> 冰岛诗人兼律师

文学、科学、人文、音乐与商业领域里的创新者，通常都能鉴往知来。有远见的人，回首往事所花费的时间往往与向前眺望的时间一样长。就算是在最前卫的科技领域，重大发现的灵感也经常是来自过去。

船与火车的移动给了爱因斯坦相对论的灵感；苹果电脑幕后的两位史蒂夫先生（指创办人史蒂夫·乔布斯和软件工程师史蒂夫·开普斯。——译者注）开始点击看似幼稚的简单图标(icons)时，计算机界的其他人才开始了解这个突飞猛进的行业，还在蓝色屏幕前敲打反斜线符号呢。

海盗 商道
THE VIKING MANIFESTO

不珍惜过去的人,将无力把握未来;有远见的人眼观六路,包括来时的路。

聊聊厉害的蘑菇

在某些特殊场合（如烧掉英国修道院），维京人会吃一些粉状毒蝇伞菌（学名 Amanita muscaria，一种麻醉毒品。——译者注）。毒蝇伞菌是一种杀蝇药，古印度教与拜火教（Zoroastrians）的教徒们在祭祀用酒中会掺入这种药物。毒蝇伞菌不同于拉丁美洲的迷幻蘑菇（Latin American psychedelic），如墨西哥裸盖菇碱菌（Psilocybe mexicana）与古巴假黑伞菌（Stropharia cubensis），虽然没有经过广泛研究，但它被认为能让人产生幻觉、力气大增，同时耐力变强。

与它作用相似的蘑菇还有"死亡帽"（A. phalloides）和"夺命天使"（A. bispongera、A. ocreata、A. verna 和 A. virosa 等）。"死亡帽"会让人不停地冒汗、内出血，而"夺命天使"就则会直接让人丧命。

现在还有人想来一份现采的毒蘑菇做的煎蛋卷吗？

4

品牌与愿景

> 在我参与创建的三家公司中,没有一家是靠最初上市的产品赚到钱的。如果死抓着最早的业务不放,没有一家公司能成功。
>
> ——罗伯特·杨（Robert Young）
> 红帽（Red Hat）公司创办人

在每一次旅游之前,要对即将到达的目的地的历史文化和地理位置有一个大致的了解。维京人谨慎地挑选目标,在发动突袭前必定先做好心理准备。阿拉伯和其他国家的编年史作者,对北欧人（那些敬拜异教神祇的人）的理性和做事井然有序的特质特别感兴趣。在灵活性与应变性之外,他们非常重视进攻策略,对突袭目标会全面了解,并全身心地投入。维京人闻名天下的作风,就是在经过一番大费周章的计划后,突然叫停,并且全盘推翻原计划。

现代人的精神生活,早已失去了作为一个异教徒应有的

多种面貌，但是，相信自己的信仰，尊重自己的感觉同时坚持自己的梦想，仍然是创建我们想要的真实人生的关键。对有勇气与创造力的人来说，过程比结果重要得多。认真做事与完成目标常常相伴相随。

品牌的发展与一个人的成长经历相似。从出生到长大，你既是同一个人，也是不同的人。人会经历成长、犯错、改变和成功的过程。期望一个20岁的人与5岁时一样简直就很荒谬，期望一个品牌15年一成不变也同样可笑。

1999年，一位经验老到的企业家与他的女儿在瑞典马尔默(Malmö)创立了乐美福(Light My Fire)公司①。他们最初的创业构想是为户外运动爱好者提供点火设备。第一个产品是中美洲的多脂木柴(fatwood)，这是一种树脂丰富的松树枝，耐烧，在湿的时候也能点燃。产品的制造完全遵守公平交易原则，照顾到环境安全，并且比一般的蜡烛或燃油更好用。这种产品让露营者与烧烤发烧友爱不释手。他们推出的第二个产品是瑞典的一种新发明——镁合金打火棒(Firesteel)。这种打火棒与钢摩擦后可以产生3 000摄氏度以上的火花。将这两种产品一起使用，简直天下无敌。"我们卖火"成了该公司的座右铭，他们全力打造这个独特的品牌，靠的就是创新、品质和对户外运动的热情。

乐美福公司最初几年的销售增长缓慢，像其他公司一样，也经历了时好时坏，甚至濒临破产的窘况。公司坚持当初创

---

① 乐美福公司获得多项国际奖项和荣誉：2008年伦敦"家庭用品工业设计"金奖和"最具激情总裁"奖。并被丹麦路易斯安娜博物馆、德国慕尼黑设计工业博物馆和瑞典斯德哥尔摩设计精品展馆做为永久收藏品。于2006年正式进入中国市场。——译者注

立的品牌与愿景，终于渡过了难关。公司的热情吸引了笔者和工业设计家乔基姆·诺德沃 (Joachim Nordwall)，后者在汽车与家电设计上有着丰富的经验。我们共聚一堂，集思广益，为如何让公司更上一层楼出谋划策。结果我们想到了同一种东西：塑料。"我们卖火……也卖塑料？"是的，反正它就是说得通，他们确确实实是在卖真火。

乐美福推出的另一个产品，是一套新颖别致的餐具。色彩鲜艳的三角形，充分流露出斯堪的纳维亚特有的设计风格，材质全是塑料。里面有一个非常好看的汤匙和刀叉的结合体，叫做三用餐勺 (Spork)。这款产品获得了好几个第一名。

餐具让乐美福公司的创新特质更加炫目，这个品牌也顺势打进了百货公司、设计商店以及其他非户外用品的销售渠道。这项产品吸引了媒体的报道，销量明显增加。接下来发生的事情完全出乎意料，涌入的订单买的全是三用餐勺。上市第一年，乐美福公司就卖出 100 万只三用餐勺到世界各地。它几乎无处不在，从博物馆的礼品店到小玩意店，到沃尔玛商场，都可以见到它。这家公司从销售中美洲木材变成销售瑞典塑料品，原来的火还是照卖。

毫无疑问，还是当初那个品牌，只是变得更强大更知名。就像 5 岁大的爱读书的胖小子长成 30 岁左右，身材高大的教授，他有了改变，但他仍然是他自己。

5

出航前的叮咛

我们所处的时代和文化孕育了我们每个人，这个时代所形成的各种观念也影响了我们每个人。21世纪初，我们在科技上取得了惊人的成就，但对几千年前的历史和文化我们却全然不知。

如同我们看待维京人的暴力和滥用毒品一样，他们对我们的世界观也充满了畏惧。

我们对时间、金钱、荣誉、勇气、竞争、平等、成功与信心的观念，吓坏了那些北欧人。

接下来我们要介绍的这些观念，维京人还未出生就懂了，但我们还得从头学起。

时间观：不同于你的想象

在过去数百年里，我们几乎忘了关于时间的许多基本观念。因为一些奇怪的理由，也许是过于傲慢，我们竟然认为现在事情发生的速度比以前快了很多。我们被具有光速的数字静电包围着，数百个电视频道抢着要吸引我们的眼球；数千个广告争着要榨干我们的钱包；数百万个网站拍着胸脯保证应有尽有。现在我们有微软的 Word、Excel、Outlook 软件，处理信息的速度比老爸老妈那个时代快了 10 倍以上，但我们处理这些数据干什么？我们到底成就了哪些事业？我们自认为我们使用的工具既新颖又先进，所以日子过得比从前好；我们骗自己，新的全球经济体里有我们的一份。其实，在这个经济体里，财富的来去只是转瞬间的事情，我们永远无法把握。我们上网，却什么也触摸不到。

是时候找张舒适的椅子坐下来，在宁静的房间里，好好想想物理、经济与人性的定律了。既然这是一本讲营销的书，我们会把重点放在市场制胜的几个重要概念上（至于其他更富哲理的概念，你得到另一个房间，坐在另一张椅子上，到其他书中去找）。

■ 一夜成功靠多年努力

我不否认，人们喜欢中大奖，不管是真的中奖，还是形容一个人鸿运当头。要想获得商业成功或赢得社会声誉都需要花费多年的努力。即使点子好，时机成熟，执行又得力，依旧需要花很多时间才能

完成，昨天、今天和明天都要坚持做。那些表面上看起来一夜成功的少数人，大多都是做了多年的精心准备，而且一开始也经历过失败。这里要说的重点就是：要有创意，要有勇气，要有耐心。

■ 时间管理通常吃力不讨好

我们经常会读到或无意中听到一些教我们如何管理时间与完成任务的小诀窍。这些诀窍通常教人如何合理安排任务，如何充分利用休闲时光。成功的秘诀就是，把时间切割成一个个小单位，然后充分利用每一分钟。

但是这样一来，"创意"与"热情"这两大成功的推手就被你赶跑了。在飞机、火车上，或是在等候和步行中的空档，做什么都行，就是不能用来追求效益。它们是天马行空，让心灵游荡和善待自己的时间。你可以读一本离奇的书，或者和陌生人搭讪。只要你愿意，连睡觉时也可以冒出点子。

休闲时，脑子里的鬼主意最多，也最能激发创造力，你必须任由创意滋生。这是你能想出最好办法的时候，但你必须先把该死的Excel报表抛诸脑后。常搭乘飞机的人们，放过你们的笔记本电脑吧！何必紧挨着邻座的另一条沙丁鱼，在小小的餐桌上操作电脑？这不仅没有效率，还会破坏你的创意。放松心情，可以玩玩塑料餐具，偷偷瞄一下走道上的美腿，阅读、随手涂鸦，或睡到打鼾、流口水也

无妨。世界会因此变得更美好，你也一样会。

■ **思考需要时间，思考产生创意**

瑞典物理学家和哲学家波迪尔·琼森(Bodil Jönsson)在她的畅销书《时间十想》(Ten Thoughts About Time)中说，我们必须学着去接受，我们现在的思考速度并不比几百或几千年前快。思考确实费时，实际的思考以及情绪，生物化学与潜意识的刺激的复杂组合，都能产生有创意的点子。

给自己时间思考，才能想出有创意的东西。她发出疑问，为什么不在她的办公室电话里设一个可以告诉来电人她正在"思考"的代码？她的电话有多组代码可以告诉来电者她正在开会、出差、吃中饭、在外演讲、度假或请病假，但就是没有为"思考"而设的代码。身为物理学家、哲学家兼作家，她大部分时间都处于"思考"状态。但琼森问她的秘书，如果告诉来电者她正在思考，不能接她的电话，对方会怎么想。秘书婉转地说，如果被听起来"极不重要"的事挡驾，对方必然会大为恼火。

维京人从不为时间概念烦心，但他们也并不比我们聪明。在攻进一个英国村庄之前，他们早已习武练艺一辈子了，他们的船只和武器也经过了几代人的精心改良。他们看不出长期规划与火速下决定有什么矛盾之处。他们的事迹代代口耳相传。他们

总是先做好功课。

当维京人到东欧做生意时,他们总是因为准备充分而备受青睐(现在也如此)。他们能说当地的语言,很受当地人民信任,当地交战的部落有时还会请他们出面调停(现在还是如此)。

从现在开始,重新认识时间,慢慢来吧。

金钱观:什么比钱更重要

>钱是好仆人,却是坏主人。(古谚)

世界上有太多比钱更重要的事。如果你只是为了钱,那就拜托你别做营销,去做一些不太会滋扰公众的事吧。

就像维京人正面作战不敌大规模的陆军和海军一样,以维京人的方式销售大众市场上缺乏新意的产品,效果自然也会差一点。维京人是乘着小船,满载大创意而来的。如果你乘着大船载着小点子,那维京营销法可能帮不上忙。

维京人的营销方法是为了提高生活质量,为创业者和企业文化重新带来冒险意识,并让勇敢的人得到回报。

具有讽刺意味的是,那些一路心满意足笑到银行的人,往往是通过做他们自己喜欢做或他们相信应该做的事才赚到大把钞票的人。

把钱看得比天还大的人,经常会感到纳闷,为什么钱不能给他们带来快乐。贪婪鬼、小气鬼、坏心眼的人,把太多的时间花在算计金钱上,想着那些无所不能的美元、欧元、

日元，可是这些并不一定真的能让他们开心。

或许你会觉得奇怪，这本谈营销的书竟然对钱有这样的态度。但有两个真相支持我们这种看法，一个很简单，另一个则看似矛盾。简单的真相是，要创造幸福生活，钱能做的只是一小部分；矛盾的真相是，认真做事，不去想钱，反而能得到钱。

对那些不太明白或不相信这两个真相的人，我们可以提供一份简明的清单作参考，就当它是一项全球公共服务好了。

比金钱更重要的东西（简明版，未按特别顺序排列）：

- ◆ 孩子
- ◆ 家庭
- ◆ 朋友
- ◆ 自由
- ◆ 让世界因为你而有一点好的改变
- ◆ 充满爱和欢笑的人际关系
- ◆ 消闲的时间和工作时间一样长
- ◆ 期待上班
- ◆ 期待回家
- ◆ 不用理会愚蠢的琐事
- ◆ 知道现在这份养家糊口的工作不是害人的勾当
- ◆ 所做的工作有益健康，增添快乐
- ◆ 凡事都能看得更远
- ◆ 知道时间不是金钱。时间就是时间，金钱就是金钱，两者之间没有兑换率

- ◆ 知道如何节省时间而不荒废生命
- ◆ 每天开怀大笑两三次
- ◆ 爱情、性欲和好书

规模：最大的不一定是最好的

20世纪初，有两款车都大量生产。其中一款车的最高时速接近130公里，加速性能极佳，可以使用6种燃料，只排放二氧化碳、烟和水；另一款车时速达到30公里就气喘如牛，只能燃烧汽油，还排放各种有毒废气。

快速而洁净的车型是斯坦利蒸汽车(Stanley Steamer)，又慢又脏的车型是福特T型车(Model T Ford)。可是到后来，斯坦利消失得无影无踪了，而福特T型车却主导了整个汽车产业。

理由很简单，靠的就是营销。斯坦利锁定愿意花钱取乐的上层阶级消费者；而福特T型车从一开始就想让每个美国人都拥有一辆车。生产方式反映了公司的愿景，甚至促成了这个愿景的实现。销量上升了，零售价格降低了。亨利·福特(Henry Ford)一直降价，不惜牺牲自己的利润，甚至连董事会都威胁要造反，但他的策略却很奏效。数十年内，福特T型车成了家喻户晓的名字，也是家家必备的交通工具。

营销史上充满了这类例子。想想看，什么是最流行的个人计算机操作系统？Windows。什么是最好的操作系统？除了Windows以外的所有系统。

对于营销而言，"最大的不一定是最好的"这条原则从

两个方面看都是好消息。第一，它证明营销手段和营销时机为王；第二，它表明即使在看来完全封闭的市场中，还是有不平衡的状态，能让规模较小、行动较快的竞争者乘虚而入。哪些公司最大？太好了，找他们的碴儿，看他们漏掉了什么；谁最小，看他们为什么没有做到更好。

维京人总是有办法乘虚而入。

好消息和坏消息：生活水平每况愈下

第三世界国家的生活水平看起来有一点好转，但与此同时，西方国家的生活水平却每况愈下。想想其中的原委。

19世纪六七十年代，洛杉矶的中产阶级家庭可以凭一份收入，在环境优雅，治安良好的郊区买下一套有4间卧房的房子；40年后，变成要靠双份薪水才能买到晚上必须锁门的房子。

1968年，福特野马车(Ford Mustang)的起价约为2 600美元，是年薪2.5万美元的小公司中层管理者一个多月的薪水。现在同样的工作，年薪大约为8万美元，而野马的起价是19 995美元，差不多要用三个月的薪水。当你把高昂的个人所得税从收入中扣除，再加上购买汽车的高昂税款，购买力的变化可能就更大了。如果你按照这个公式计算买房子等大额开支，结果会更惨不忍睹。美国的统计数字显示：

◆ 从20世纪60年代初期开始，平均房价经过通货膨胀的调整，上涨约78%。〔来源：《福布斯》(Forbes)〕

- 20世纪70年代初期，30岁以下的夫妇，购买第一套房子的税后支出约占全家收入的12%。到20世纪90年代，拥有同样住房的税后支出占总收入的比例提高到29%。〔来源：哈佛大学联合住房研究中心 (Joint Center for Housing Studies of Harvard University)〕

- 20世纪70年代初期，一个30岁的男人比他的父亲在同年龄时多赚15%。今天30岁的男人有可能比他父亲还少赚25%的薪水。（来源：《福布斯》）

- 仅从2001年到2004年，一半以上收入花在房子上的家庭数就增加了14%，达到1 580万户。（来源：哈佛大学联合住房研究中心）

就算你不太相信统计数字，毕竟它们可以用各种新颖的方式算出，那就请你也参照一下其他定性的财富指标。例如，20世纪60年代，多数女人全职持家。今天，只有少数女人有幸可以这么做。现在我们不再称她们为"家庭主妇"，而是称其为"赋闲在家的母亲"，好像母亲不用工作已经成了了不起的奢侈行为。妇女们都觉得选择的机会少了，而这样做纯粹是出于经济的考虑。

1965年的电影《毕业生》(*Graduate*) 中，刚踏入社会的新人得到四面八方涌来的工作机会，这幕情景让人印象深刻。40年后，同一所大学（加州大学伯克利分校，University of California, Berkeley）的毕业生，读的是诸如《丛林猎职》(*Guerrilla Job Hunting*) 与《如何找到理想工作》(*Get That Job You Would Kill for Without Actually Having To*…) 之类的书。

从目前的现实来看：限制带来机会。你怎样才能降低生活开销或提高生活质量？如果你的条件不如别人，或是和大家一样，你有何高招？

勇 气

莱弗·埃里克森(Leif Eriksson)的探险队在公元1000～1001年间横跨遥远的北大西洋来到美洲，靠的不过是几叶扁舟。他们前途未卜，没有地图，没有六分仪，没有船舱，任凭风雪侵袭。如果你告诉这些维京人，500年后将有一个西班牙或意大利人乘着巨型帆船，配上罗盘和六分仪，从温暖的地中海出发，展开同样的旅程，恐怕他们不会觉得有什么了不起。

若论纯体力与心智的磨难，我们当中不知道谁会有勇气去做维京探险队做过的事，哪怕是类似的事。

今天，如果一个异性恋男子敢穿上粉红色的短袖衬衫，我们就会说他有勇气。世界的变化可真大……

友 谊

一起出航的维京人，相处得像亲兄弟一般。任何一个人遇害，同船的每个人都会替他报仇。一个船员被杀，其他船员就会终身为他追凶复仇。那么，你又是怎样对待和你一起工作的人呢？

文 明

如果我们比北欧蛮族更文明，为什么一笔不过几千美元的交易，非得动用几令纸张与一票律师不可呢？大门紧闭的小区又是怎么回事？维京人不会明白：在文明社会里人们为什么那么害怕对方。

文 学

根据美国 2007 年的人口普查报告显示，美国人平均每天要花 8.5 小时看电视或电影、上网、听广播或阅读。这个数据会让维京人吓一大跳，并为他们感受到难过。维京人会用这些时间听诗人唱诗或听说书人讲故事。诗人和说书人都是这个优秀民族中最有天分的人，他们能让听众感动得落泪或笑破肚皮。今天，有多少节目有此能耐？维京人相信讲故事是为了赞颂生命，而不是为了打发无聊的时间。

征战流血前
请先来首小诗

　　诗人与说书人都很受维京人的尊敬。当代西方世界对待文学的冷漠态度会让维京人大吃一惊。

　　我们只会用嘴巴敷衍地说说"这作品真好",以及总是认为文化危在旦夕,会让他们为此大动干戈(没办法,他们是维京人)。维京人在戴上头盔出发去屠杀僧侣前,通常会花很长一段时间唱诗。唱诗不仅被列入竞赛项目,同时它也是一项运动。不仅是许多竞赛中的一项,它本身也是一项运动。

规划你的品牌营销战

拿起你的武器，连同你的头脑和心思。部署攻击行动的时候到了。

接下来是维京人创立品牌的几个招式，不按特定的顺序出场。为什么不按特定的顺序？因为每个人和每次出击的情况都不同。只要这些招数有效果就行，但你要做得像维京人。

7

弱点 = 突破口

北极圈以北约 200 公里处有一个瑞典小镇，叫做尤卡斯亚维 (Jukkasjärvi)，只有 540 人，冬天最低气温为摄氏零下 40 度。12 月份有两个星期看不见太阳升起，当然，这里也没有星巴克。尤卡斯亚维唯一不缺的就是冰雪、霜冻、黑暗。"那我们有什么可卖的呢？"几个当地人有一天就这么互相问起来。合乎常情的回答就是："我们有的就是冰雪、霜冻、黑暗。"

英弗·博格奎斯特 (Yngve Bergquist) 说："太好了，我们就用冰来盖一间旅馆，让人们好好体验一下冰。"

尤卡斯亚维最有特色的冰旅馆就从这里开始诞生。你可以猜得到，这家旅馆全部用冰盖成。自 1990 年开工以来，旅馆房间增加到 85 间，占地 4 000 平方米。旅馆每年 11 月

都要重建，每个房间都是独一无二的艺术杰作。到了4月，旅馆就开始融化。冰旅馆还装上了彩色的冰玻璃窗，还有冰吊灯、冰柱、冰酒吧，以及世界一流的冰雕。旅馆内设有冰教堂、冰影院，还有配备冰床的房间。每年，来自世界各地的游客，都会花一大笔钱在温度低于冰点的房间住一两个晚上，同时喝着手雕冰杯中的热饮。想消遣的话，附近就有莎翁黄金剧院的翻版，在冰雪映出的神奇光线中，演员们用冰道具在冰舞台上演出莎士比亚戏剧。旅馆在冬天来临时会重建，每次都有一些改进，规模也逐渐扩大。冰旅馆接待过前来拍摄的电视与电影制作小组，也举办过一些活动和展览。

  这是维京人成功的代表作：**他们总会找出不同的获取成功的途径，上天入地也要找到**。时间久了，许多弱点反而成了突破口。你有什么弱点？身边总是出现有缺陷、丑陋、无聊的事吗？太好了，你还在等什么？

8

挑战权威

人们世代崇拜权威。显然，要想生意成功就要掌握最新的信息，知道权威是谁，有哪些规矩。坏了这些规矩就可能生意不保。

但每种文化、每个社会和市场中都会有许多的权威。这些权威是如此的细小而陈旧，以致于同领域的人们从来都不会对之多加思考，只是出于习惯而趋之若鹜。看起来好像是这些权威掌握着成功的关键。

典型案例就是：在20世纪50～70年代的美国汽车市场，有一个"禁谈汽车安全"的权威论调。美国的每家汽车制造商都奉行这条戒律：你不可以在一句话中同时提到"汽车"与"安全"。"禁谈汽车安全"意思是说，如果你谈了安全，就等于是告诉顾客，汽车不安全。因为没人敢挑战这个权威论调。几十年下来，汽车油箱会自动燃烧、挡风玻璃会裂成

碎片、座位也没有安全带。然而消费者权益维护运动者拉尔夫·奈德(Ralph Nader)的出现，让大家看到此论调已经不合适宜。维京人的下一步行动显然就是找准权威的死穴并给予致命一击。瑞典的汽车制造商沃尔沃，在本国市场打出的主要招牌就是汽车安全，到了美国，抓住巧妙的时机对权威发动攻势，一举成名。在一个由比它的规模大数倍的汽车公司主导的市场，沃尔沃做了一件让人难以想象的事：让人们观看载着假人的汽车撞毁的实况。它的一个广告甚至让人看到一辆沃尔沃从5层高的建筑物楼顶俯冲而下。

结果，沃尔沃抢占的市场份额远远大于它那小小的规模。沃尔沃击败了貌似强大的权威，并成为"安全"的同义词。

差不多同一时期，另一家欧洲汽车公司也以维京人的手段，撼动了另一个权威：汽车一定要美观。

汽车必须是美观的。美国没有一家汽车制造商敢说他们的车款不是史上最精美的设计杰作，这是禁忌。大众甲壳虫(Volkswagen Beetle)无论从美学的哪个角度看都与现代美国汽车格格不入。这时，制造商只能在取悦"汽车一定要美观"的论调或蔑视它之间作出明智的决定。这个决定造就了史上最成功的一次广告营销活动。这个挖苦式的广告也是美国史上最令人发噱的广告。广告词是：这辆汽车丑得很持久。这句广告词起到了很好的作用。

你可以想象一下，如今的新兴市场或者新领域有什么可以被撼动的权威论调呢？

奇怪的老传统

维京人从史前祖先那儿继承了许多具有原始宗教性质的祭拜仪式，不外乎杀牲并悬挂上树这类事件。老斯堪的纳维亚人管这个叫"布洛特"(blóts)，它只会在季节变换或冬至日和夏至日举行。每9年，在乌普萨拉(Uppsala，瑞典东南部城市，也是一座文化古城。——译者注)的庙会都会举行一次盛大的布洛特仪式。这间庙宇是用黄金打造的，供着三尊神像，托尔(Thor)居中，欧丁(Odin)和弗雷(Frey)在两侧。欧丁手持槌与剑，托尔握有令牌，生育之神弗雷则拿着只有神才会有的超大阳具。为了避免饥荒与瘟疫，你必须把祭品献给托尔，向欧丁祈求打胜仗，求姻缘就得找弗雷了。

庙堂外，一切都与数字"9"有关。从每种动物选出9只雄性的，把它们杀死并悬挂在附近的树林里，以求得谷物丰收与众神的垂爱。当太阳照射到挂满牲礼的树林中时，人们开始唱歌饮酒。

12～13世纪时，基督教成为斯堪的纳维亚的永恒信仰，当地人就在庙堂的原址上建造了一座教堂。

9

想得小，看得远

地球变得越来越象一个村落。在相互更加依赖的全球经济中，小国反而占尽优势。国内的市场愈小，就愈有把产品输出的动力。小国总是能眼观世界，耳听八方，不断寻找机会。小国总是抢先学习新的语言，采用新的技术，飞快地抛掉旧思想，以便了解周遭日新月异的文化。

如果你所处的国家不是一个小国，就假想你就是小国的居民。其他国家的人怎么想问题？今天你买的东西，哪些来自另一个半球？你已经举全国精英之力，为什么这些外国品牌还是能提供比你更好的解决方案？

许多北欧国家几百年来一直用这样的想法维生。100年前，瑞典人拉什·马格纳斯·爱立信 (Lars Magnus Ericsson) 把亚历山大·格雷汉姆·贝尔 (Alexander Graham Bell) 的电话拆解下来研究，他告诉自己："没有理由一定要到大西洋

的另一端去买电话啊，我相信自己一定能做出更好的电话。"他真的做到了。以他的名字命名的公司，后来成为世界上最成功的电信跨国公司之一。这家公司所提供的解决方案，常比那些人才济济、实力强大的大国电信公司的方案要好得多。

冰岛只有29.4万人，却能把小国的求生之道发挥得淋漓尽致。在过去的几年里，冰岛的多家公司和银行诸如鲍格零售集团(Baugur)、考普森银行(Kaupthing)、冰岛投资集团(The FL Group)，是接手多家英国零售企业的幕后金主。冰岛持有澳大利亚伍尔沃斯平价超市(Woolworths)、英国福来莎百货集团(House of Fraser)、哈姆雷玩具店(Hamleys)、凯伦米兰服饰(Karen Millen)、Oasis女装、French Connection女装以及威塔斯茶坊(Whittards)等公司的主要股份，这使其成为伦敦城市上空"轻声细语"的巨人。

巨人的声音慢慢变大，冰岛亿万富翁比约戈尔夫·顾德孟松(Bjorgolfur Gudmundsson)以8 500万英镑买下西汉姆联队(West Ham)。还有英国去年收视率最高的儿童电视节目"懒人小镇"(Lazytown)，也是从冰岛引进的。

自古以来冰岛人就是斯堪的纳维亚国家中最狂野的一族，他们的文化也保留了强烈的古维京人的生活习俗。瑞典对先辈的态度经过了反叛、欢迎、冷嘲热讽的阶段，但是冰岛却始终真心接纳祖先们的过去。尽管冰岛是个很小的国家，但冰岛人对自己的民族认同感很高，并自认拥有照亮世界的火焰。在人口稀少的国家，每个人都比较容易被别人看到，每个人说的话也容易被听到。冰岛人就像最早的维京人，感觉天降大任，并自认有能力改变世界。

在狭小的空间中，冰岛人逐渐渐变成了涉猎广泛的多面手，而这也导致了看似说不通的悖论：通才愈多，专家愈精。史上那些最伟大的创业家、发明家和科学家，就能证明这个论点。**在某个领域里表现出专业素质的人，对其他领域也涉猎很深，他们通常都多才多艺。**

这些原则基本上适用于所有的公司。小公司，尤其是具有小公司发展思维的公司，是最具潜力的。过去，"赚大钱"就意味着拥有庞大的工厂和摩天大楼总部。

现在只要有一部价值2万美元的服务器，你就能与那些大公司一争高下，只要你有一个了不起的想法，并敢于偷偷发动攻击。

10

想得大，找小空隙

维京人还有一个出口项目就是出口种族的 DNA。放纵、异族通婚、掠夺……维京人为欧洲带去的不仅是毁灭，还有传种。几百年后，丹麦也许还拥有世界最大的人类精虫输出国地位。

身为以出口为导向的小国，丹麦向来需要到海外寻找新机会。在研究丹麦人的市场供求关系时，欧乐·舒尔 (Ole Schou) 产生了建立精子银行的想法。丹麦 6% 以上的新生婴儿来自某种人工生殖技术，捐赠精子的传统历史悠久，所有男士都可以在例行健康检查时要求计算精虫数。丹麦一向对性抱持宽松开放的态度，而且献血的人也比较多，占总人口的 8%。

进一步分析可以得到更准确的信息。在欧洲，新的法律

规定要公开捐赠者的身份，吸引捐赠者变得更加困难。显而易见，把精子银行打进欧洲市场会是一个好主意。

克瑞欧斯国际精子银行(Cryos International Sperm Bank)应运而生。该公司开业至今成功孕育了约1.2万个婴儿，每年约为社会增加1 400名儿童。1毫升带有500万只精虫的精液，1吸管(大约0.4毫升)卖26欧元；1毫升带有5 000万只精虫的上等货色，1吸管要价是264欧元，十分昂贵。每个疗程要用1~4根吸管的量，每次怀孕需要接受5~6个疗程。所有这些加上外围的服务和产品，对于一家仅是关注如此有限的利基市场的公司来说，销售额颇为可观。英国的《泰晤士报》甚至说这家公司即将成为"欧洲的精子军库"。

除了丹麦人愿意捐出精子(觉得与献血没有什么不同)，克瑞欧斯还凭借斯堪的纳维亚人对质量、实用和细节的关注，使业务蒸蒸日上。所有的捐赠者都要接受严格的疾病、遗传缺陷与精虫数量的检查。只有1/10的人的精子会被接受，所有精子的样本都要隔离6个月才能释出使用。这家公司因对捐赠者和处理精虫的高标准而扬名国际。在同行业中，他们的产品被称为"极品"，大量成功怀孕的案例让它当之无愧地享有这一封号。

这则故事的寓意是：**如果你随时注意观察、重视质量并且眼光长远，即使是最微小的文化差异，也能助你赢得成功。**

做爱？现在就要？

维京人的群体关系很紧密，思想又十分开放。国外访客在屋里谈判时，其他人可以毫无顾忌地在同一个屋子里做爱，这常使访客大为惊讶。

维京人不明白，也不能接受欧洲大陆那些基督教徒的道德观。早在5～6世纪，维京妇女就知道服用草药能有效避孕。但这并不是说维京人比欧洲基督教徒更喜欢滥交，他们只是为了获得更多的快乐而已。

11

说到不如做到

除了有大胆的点子，还得大胆地行动，这是成功的最佳保证。

20 世纪 30 年代末，考古证据显示，曾有两个不同的族群从亚洲渡海移民到波利尼西亚 (Polynesia) 群岛。年轻的挪威学者托尔·海尔达尔 (Thor Heyerdahl) 却持有不同的看法，认为其中一支移民来自位于世界另一端的南美洲，因为他住在波利尼西亚期间，发现它与南美洲有许多不为人知的相似之处。

例如，在希瓦瓦 (Hivaoa) 丛林，他发现一些石雕像与相距 6 000 公里的哥伦比亚的石雕像一模一样。这一发现使他开始怀疑：第一批波利尼西亚人不是乘独木舟而来的亚洲人，而是乘轻木筏前来的南美人。这个想法颇具争议，科学

界甚至强烈排斥他的说法。人类学家一直认为,在美洲的历史上,没有船舶可以在那个时代把人类安然无恙地运送到波利尼西亚。海尔达尔在波利尼西亚的一座无人小岛上住了一年,过着原始人一般的生活,深入了解了当地的风土人情。据他的观察,那里的海潮与风向都是自东向西的,人类不可能逆风航行而来。

如果海尔达尔没有亲身经历一次当代最著名的维京人之旅,口舌之战也许还会持续几十年。1947 年,海尔达尔参照古代技术建造了一艘轻木筏,起名为"康·蒂基号"(Kon-Tiki),取自印加王国与波利尼西亚人都熟识的航海太阳王之名。这艘木筏载着 6 个人,从秘鲁的卡亚俄 (Callào) 港出发,在太平洋航行了 101 天,共计 8 000 公里,最后安全抵达土阿莫土群岛 (Tuamotu Archipelago) 的拉罗里亚环礁 (Raroia Atoll)。

有些科学家拒绝相信这趟不可思议的旅行真的发生过,直到这次探险的纪录片公诸于世。1951 年拍成的这部影片赢得第 24 届奥斯卡最佳纪录片奖,而海尔达尔所写的《太阳号草船远征记》(The Kon-Tiki Expedition) 也成了国际畅销书,被译成 70 多种语言。

接着,海尔达尔继续研究了其他考古谜题,也开展了数次大胆的旅行,最为壮观的一次是以纸莎草芦苇做的船横渡大西洋。至今,他的著作已卖出 5 000 万册。

挪威的维京人埃里克森 1 000 年前从冰岛出发来到北美洲,他完成的不只是发现北美洲,更树立了一个种族的传统,让这个种族的人能坚决地将思想付诸行动。

海尔达尔就是能以维京人的心灵回首过去，以科学家的灵魂眺望前方的典范。

他是一个不折不扣的维京人，**以远大的构想和飘零的小船改变了世界。**

到经济不发达的地方去淘金

> 愚钝者不知道，黄金能够让两种人退化成类人猿。一种是有钱人，另一种是穷人。
>
> ——摘自《哈维默》

2006年末,全球一半以上的购买力来自发展中国家。就像大多数真正重要的新闻一样，这个本该震惊世界的事实却未能惊动世界媒体。

2006年穆罕默德·尤努斯(Muhammad Yunus)因他在孟加拉国(Bangladesh)葛莱敏乡村银行(Grameen Bank)的工作成果而获得诺贝尔和平奖。这家银行经常提供数目不大的贷款给世界上最穷的人。来自国外的一些援助支援了乡村银行的成立，但这家银行很快就能自给自足，并且开始盈利。它向全世界证明：赤贫的人更讲诚信，因为这家银行98%到

99%的顾客都能按时还款。

30年前，尤努斯首次借出27美元给邻村的42位妇女。时至今日，乡村银行以合理的利率借出了数十亿美元，并且一直保持盈利。根据该银行网站上的数据显示，2005年营利达1 520万美元，占投资组合的20%。它的这种经营模式被全世界复制，现在世界各地的小额贷款人已达1亿之多。花旗银行、瑞士信贷与荷兰银行都在发展中国家开展了小额贷款业务，这种银行在当地有几百家之多。

发展中国家还有什么尚未被发现的商机？只要你不以陈旧的观念对待营销，就能在这些市场抢占先机。

一个好点子，一个好品牌，再加上一种双赢的创业态度，你就能战胜一切。

品牌的价值

谈到树立品牌，很少有人会想到慈善机构和文化组织。其实，这些机构比私人企业更需要依赖品牌的价值。

文化和慈善机构通常是靠他们的故事以及由此引发的强烈情感得以运转，但他们用于宣传的预算往往很少。

诺贝尔奖就是一个有故事的品牌。1895年，瑞典企业家及炸药发明人阿尔弗雷德·诺贝尔(Alfred Nobel)逝世，他立下遗嘱，用他生前巨额财富的一大部分成立了一个奖励人文社会工作的基金。他靠毕生的研究所赚取的钱财，成了诺贝尔奖金的永久来源。世上的奖项何其多，有些人甚至不惜花费数十亿美元进行自我推销，但诺贝尔奖却是世界公认的最崇高的智力成就奖。

对于诺贝尔奖而言，产品就是品牌，其品质与智慧就是

最好的宣传。选定诺贝尔奖的得主需要独到的眼光。有时获奖者并不受欢迎，偶而还会受政治因素影响，但他们的成就通常都是划时代的，创造的价值足以匹配这个奖项所具有的品质。

我们并不需要诺贝尔奖得主来计算，也能算出一个机构若能赢得尊重并被全球关注，将发挥多么巨大的经济影响力。

和平、爱与理解，并不是说着玩的。它们不仅能带来数十亿美元的商誉，还能向全世界发放丰厚的奖金。

要谦逊而粗鲁

> 穿亚麻滚边衣服时,我看起来出身名门,但光着身子时,我什么也不是。
>
> ——摘自《哈维默》

谦逊而粗鲁是创业的好规则,也是不错的社交原则。傲慢与成见会抑制创意的产生。因此,要随时保持谦逊。

恐惧以及对社会规范不恰当的尊重都有可能将革新的想法扼杀在摇篮中,因此,有时不妨粗鲁一点。

"如果说不出别人喜欢听的话,那就干脆什么也不要说",这是"闭嘴,别惹事生非"较为客气的说法。当你发现事情不对劲时,尽管大声说出来,你会发现,跟你抱有同样想法的人比你想象的要多。人的情绪不会空穴来风,如果你有某种强烈的感受,请相信你有大批的同盟军。

试着从失败者(underdog)的角度来看待问题。失败者没什么可失去的，而一旦成功，就能赢得一切。抱着这种态度才能做到大胆创新，勇于求胜。

不管是否愿意
你每星期有四天是维京人

维京人占领的最重要的领地之一就是你的大脑。在英语与日耳曼语系中，一星期中有好几天都是以维京人崇敬的神命名的：

星期二取自维京人的战神蒂尔(Tyr)；
星期三取自主神欧丁(Odin)；
星期四源自"托尔的日子"(Thor's-day)，是为了纪念雷神托尔；
星期五源自"弗蕾亚的日子"(Freyja's-day)。

弗蕾亚是欧丁的妻子，代表爱与美，在斯堪的纳维亚神话中也有不贞之意，现在"星期五晚上"的特殊含义也许就是这么来的。

15

目标顾客也想被诱惑

当你学习营销的时候,应该有人会告诉你这是(或者几乎是)一门建立在某几个可靠原则上的科学,而其中最重要的一项就是寻找目标顾客群。

在脱离社会的课堂中,你冥思苦想,希望深入了解"目标顾客群"这个概念。你还用荧光笔标示、分类,琢磨这个概念,直到某一天你终于对它有了感觉。然后你的任务就是定位目标顾客群,并尽力讨好他们。

这个想法很好,但多少有些无趣。营销理所当然要瞄准那些对特定产品或服务有兴趣的人,但营销者常常忽略几个有趣的因素。

首先,营销课堂教我们不要把自己的需求纳入考虑范围,而要冷静而理性地处理事情。"目标顾客群想要什么?"我

们提出这个问题，好像我们自己并不属于目标顾客。我们与目标顾客群保持着一定的距离，结果，卖方的创业激情和买方的发现惊喜都被削弱了。**非人性化的营销策略对任何人都没好处**。一流的公司和产品之所以能茁壮成长，都是因为它们迎合了营销人员自身的偏好，而不是目标顾客群的偏好。我们似乎已经习惯了先把东西做出来，然后才考虑该把它们卖给谁。维京人却反过来运用目标顾客群的分析原理。

维京人先把自己当成目标顾客。他会自问："我想要什么？我喜欢哪种品牌与产品？我看重哪些品质？什么能让我生活得更好？什么会让我感觉不舒服？"

把自己带入产品设计与营销计划中，你就会有情感投入，而这种情感很可能让其他人产生共鸣。有魅力的品牌，就像有魅力的人，受注意的未必是其外表，而是他的内在品质。你若为自己的品牌倾心投入，你的品牌也会用耀眼的光辉照亮你的事业。

其次，不要花太多的时间琢磨如何才能给别人他们想要的。很多人并不知道自己想要什么，除非你展示给他们看。更重要的是，每个人都想被诱惑。年轻的或年长的、经验丰富的或初出茅庐的、开放的或保守的，每个人都是如此。你一定可以引诱他们，只要在他们耳边轻声说些甜言蜜语。

这是一件苦差事，但确实需要有人去做。

当你向目标顾客推销时，请注意

这里有一个未经证实但很有用的故事。维京人登上Vineland（维京人所称的北美）之后，想和北美原住民拉拢关系。他们随船带来了几只母牛，然后把牛奶当做见面礼，没想到土著人十分喜欢。但唯一的问题是，许多土著人可能有乳糖不耐症（乳糖不耐症是一种常见的营养吸收障碍，一些人吃了大量乳糖后，因无法把乳糖分解成葡萄糖及半乳糖，以致肠内堆积大量短键脂肪酸及氢气，因而出现腹泻、腹胀或腹绞痛等症状。——译者注），喝了牛奶后病得不轻。土著勇士反过头来报仇，维京人因为寡不敌众，被迫逃命。

这个故事提醒我们，"你希望别人怎样对待你，你就怎样对待别人"这句话并不总是正确的，除非你喜欢的正是他们喜欢的，而且对他们是有用的。

16

免费力量大

世界的数字化倾向日益明显,你从给予中获得的财富将越来越多。当代有三大成功的典范:Google、Skype 与 YouTube。

Google 提供搜索服务,免费为你提供建议、地图、卫星照片,你还可以下载数以百万计的图片,不仅 24 小时随时可用,而且分文不取。Skype 让你免费打电话、聊天、发邮件、上网遨游。YouTube 也一样,免费,免费,一切都免费。

这些公司的运营思维都与维京人相似,其中 Skype 与斯堪的纳维亚确有渊源,因为它的创办人之一尼克拉斯·曾斯特罗姆 (Niklas Zennström) 是瑞典人。三家公司的创举重新界定了人们的沟通方式和赚钱渠道。维京人也开创了一些颇有新意的赚钱方法,其中之一是丹麦金 (danegeld,即赎金)。

过去的维京人经常突袭某个城市,如果希望他们保证不再来犯,这个城市就要缴纳赎金,但后来……嗯,他们还是会来袭。当受袭城市的防御工事、武器、军队都改进了以后,攻击已没有什么成果,维京人便用贸易取而代之。他们摇身一变成了商人,利用周游列国取得的教训来做生意。他们开始投资搭建全新的信息交流平台。

21世纪,人们需要轻而易举地实现沟通,方便快捷地查找信息。和公路、铁路、机场等实体基础设施一样,信息交流方式首先要为公众所接受,成为人们日常生活的一部分。不同之处在于,实体基础建设以非常间接的方式替建造者赚钱,如收取过路费、燃料税,向私人企业征收所得税等,而信息平台则能为建造者带来直接收入。这些收入来源复杂,多种多样,有点击率、排行榜、付费清单、多媒体额外服务等,收益却可观而持久。

从今天开始,甘于奉献,把资源向别人拱手相送,然后某一天你会突然发现自己赚了一大笔钱。

17

以不变应万变

> 我刚领悟到生命的意义，它却又发生了变化。
>
> ——乔治·卡林（George Carlin）
> 美国知名喜剧演员和作家

维京人、佛教徒和品牌顾问都会告诉你同一个事实：唯一不变的就是变化。**想出人头地，要么跟着时代变，要么改变时代，或是把二者结合起来。**

奥尔·科克·克里斯蒂安森（Ole Kirk Christiansen）在丹麦成立积木公司时，积木制造已有几千年的历史。

近几百年来，人们逐渐懂得，让孩子自由自在地堆砌积木有益于他们身心的发展。1932年，乐高积木公司成立，那时它毫不起眼。

如今，乐高公司自豪地宣称，地球上平均每人拥有52

块乐高积木。虽然它的本国市场只有 400 万的消费者，连纽约郊区的人口都比它多，但乐高却成为全球第六大玩具公司。全球儿童每年花 50 亿小时玩乐高积木，这些儿童只是为了找出乐高所宣称的：6 块 8 嵌钉乐高积木能拼出 915 103 765 种组合图形吗，还是因为乐高公司做了一些颇有维京人风格的事？

小塑料积木刚推出时的确具有创新性，但如果不持续创新，很快就会被竞争者淘汰，或被模仿者取代。乐高公司不仅不断改进产品，还常常提供有创意的玩法，还让孩子们说出自己的游戏故事。

丹麦的童话故事有着悠久的历史。英语世界许多最脍炙人口的童话故事，就出自 19 世纪丹麦作家安徒生之手，如《丑小鸭》《美人鱼》《皇帝的新衣》《豌豆公主》等。

乐高也有类似引人入胜的故事。简单而富于变化的产品以及不断推陈出新就是他们的手段。这些塑料积木的发展史足以让人眼花缭乱。从马达、齿轮箱到人物模型、电动操控的机器人，这些产品早在 80 年代末就开发出来了。

乐高公司还从创意厂商，如卢卡斯电影公司 (Lucasfilm) 取得授权，让自己的品牌与著名的故事联系在一起。

塑料积木的前景在数字时代甚至遥远的未来都被看好。乐高公司的网站是目前全球最受欢迎的家庭网站之一。乐高公司的数据显示，LEGO.com 每个月吸引 6 308 558 名访客，每次访问平均停留 7 分钟。

这么多年，乐高公司也有起伏跌宕的时候，但如果不断推陈出新，就能积蓄力量迎接未来的挑战。

科技创新

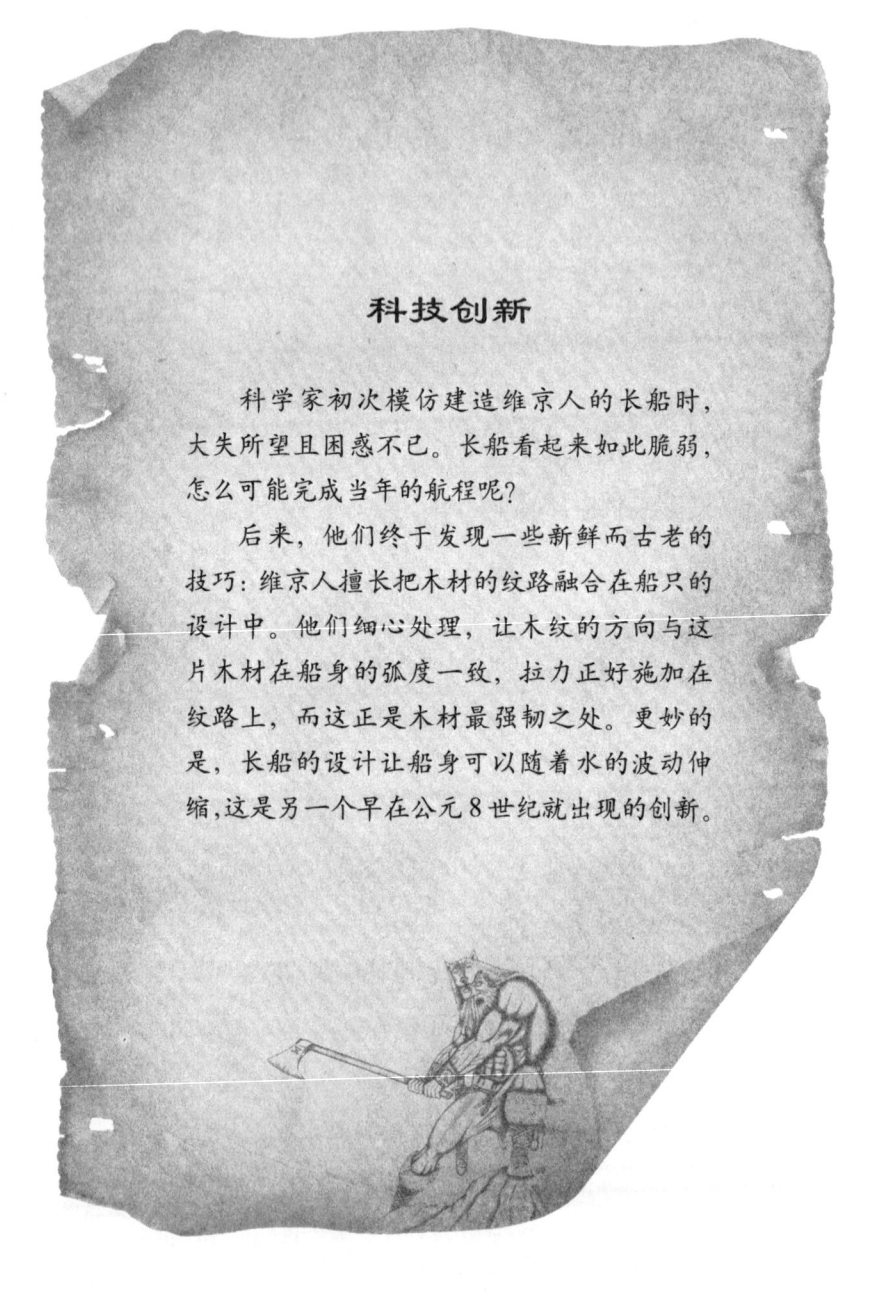

科学家初次模仿建造维京人的长船时,大失所望且困惑不已。长船看起来如此脆弱,怎么可能完成当年的航程呢?

后来,他们终于发现一些新鲜而古老的技巧:维京人擅长把木材的纹路融合在船只的设计中。他们细心处理,让木纹的方向与这片木材在船身的弧度一致,拉力正好施加在纹路上,而这正是木材最强韧之处。更妙的是,长船的设计让船身可以随着水的波动伸缩,这是另一个早在公元8世纪就出现的创新。

18

由点到面

品牌塑造的一个共识是设计与众不同的形象,追求全球一致的品质。这种做法很有效。许多品牌不管在什么地方,呈现的外观、内在的品质以及宣传方式都是一样的。

维京人最大的长处就是愿意虚心学习其他文化。他们走遍欧洲大陆,到过英国岛屿、地中海以及拜占庭帝国,回到北方时,他们吸收到的各地文化精髓丝毫不少于带回的货物。定居国外时(他们经常如此)他们学习外国语言,并且很快就能融入其中。法国的诺曼底曾经住满了维京人的后代诺曼人(Normans)。诺曼人征服了欧洲大陆的主要地区,并留下巨大影响。在黑斯廷战役(Battle of Hastings)中,诺曼人制服了撒克逊人,改写了英格兰的历史。

**维京人的品牌独特鲜明,自成一体,传播速度快且影

响深远。就算产品已经不再生产了，它们的品牌依然存在，延续千年。维京品牌有自己的一套成功方式，但在其他国家也会因地制宜地改变。这矛盾吗？有这种风格鲜明又能融合地方色彩的品牌吗？

当然有，而且至少有两个。

来一个脑筋急转弯，你知道世界上销量第三的报纸是什么吗？美国的《纽约时报》(New York Times)？英国的《星期日泰晤士报》(The Sunday Times)？印度的《觉悟日报》(Dainik Jagran)？日本的《读卖新闻》(Yomiuri Shimbun)？再猜猜看。答案是瑞典的《地铁报》(Metro)。

《地铁报》1995年创刊于斯德哥尔摩(Stockholm)，是一种新型的报纸。它在各个公共运输站免费派送，针对车上"20分钟阅读"而设计。报道文章简短，迎合了都市年轻人的口味。这类读者不能接受传统报纸的长篇大论，很多报纸已经被他们列入拒绝来往的黑名单了。维京人梦想的时刻终于来到了，出现了一座疏于防守的修道院——没人理会的目标读者群。

《地铁报》在瑞典各大城市迅速发行地方版本，而且一炮而红，获利之丰厚让同行瞠目结舌。这就是维京式成功的一种战术，即攻其不备。接着，《地铁报》以标准的维京人营销模式快速输出，以同样的版面设计、报纸名称、出版哲学和活力，打进一个又一个国家和城市。在每个新市场，《地铁报》沿用同样的办报哲学、新闻态度与品牌策略，但内容由当地记者与通讯社提供。

10年之内，《地铁报》发展出64种版本，以18种语言在19个国家的91个城市发行，在欧洲、北美、南美以及亚

洲都能看到。这份报纸从在900万人口的小国瑞典初次发行，到2006年发展成每天有1 800万人，每星期有3 700万人阅读的大报，读者人数仅次于印度的《觉悟日报》和《帕斯卡日报》(Dainik Bhaskar)。这两分报纸每天分别有2 120万和2 100万读者。

还有一个案例是现实肥皂剧(Reality Soaps)的始祖"鲁宾逊"(Robinson)。如果你没听说过也不奇怪，但你应该知道"幸存者"〔Survivor，1997年，瑞典的Strix公司制作了一个真人秀节目，美国哥伦比亚广播公司（CBS）随即购买了该节目版权，于2000年推出了闻名世界的另一档真人秀。——译者注〕吧。爱尔兰知名摇滚歌手鲍伯·吉尔道夫(Bob Geldof)创立的"地球24"(Planet 24)制片公司中，一位名叫查理·帕森斯(Charlie Parsons)的员工提出此构想，但他没法卖给英国或美国的电视台，最后找到瑞典的史崔克斯(Strix)电视公司，于是由这家公司制成了世界上第一个真人秀节目"鲁宾逊探险记"(Expedition Robinson)。

这档节目受到观众的狂热追捧，有一集竟然有400万人观看，几乎占了瑞典人口的一半。这个节目还在世界各国播出，已打进了几十个国家。不论在哪个市场，节目形式都保持不变，但内容不同。

史崔克斯制片公司继续在14个国家制作或联合制作国际版本的电视节目。谁能料到，北极圈下面的一个小地方会推出电视节目制作新理念。加州的伯班克(Burbank)或是好莱坞、伦敦，都有可能，谁都没有想到斯德哥尔摩，但事实就是如此。

不论你对此真人秀节目抱有什么样的态度，它的确已成为现代文化进程中的一个现象，也是维京人对全世界的又一次袭击文化。

学习新数学

> 经济学家若只是一个经济学家,就不可能成为一个优秀的经济学家。
>
> ——弗农·史密斯(Vernon L. Smith)
> 2002年诺贝尔经济学奖得主

哲学通常也是最好的数学。美国人亨利·戴维·梭罗(Henry David Thoreau)1854年曾指出,10哩(16公里)的路程,步行比坐火车更快。他的理由是,买一张车票搭乘10哩的火车得花1美元,而1美元约为1天的最低工资。当搭火车的人为了一趟车费努力赚钱时,步行的人可能已经走完全程了。走路的人比先工作赚钱然后才坐火车的人早到1天,早8个小时到达。每一趟行程的起点,都要从为此行开始付出的那一刻算起。

这种论调包含了价格制定的特殊因素,它在现代计算方式下无法成立,因为现在乘10哩火车的费用只需要你工作一小时,而不是一天的所得。但这种计算方法仍有借鉴意义,如果你想算出事情的真实成本,你得看清全貌。

像维京人那样思考,使用哲学性的数学计算方法,是个不错的起点。现在,让我们来看看盗版软件背后的数学运算是怎样进行的。

本书的两位作者都是靠出售知识产权为生的人,因此对"盗版软件"的行为也很不屑。但不管道德与否,软件制造商从盗版软件中获得的利益,决不少于免费使用软件者得到的好处。

举一个与使用计算机的人都有关的例子:微软的Word软件。大约10～15年前,Word的价格是今天的好几倍,即使有通货膨胀的调整也是如此。假设当时有10个人想使用Word软件,但只有一个人买得起,此人买了软件后,就会让其他9个人免费拷贝。这些人再让其他10个人使用,于是,使用这个Word的人就变成了100人。

当第二版上市时,想使用的人中也只有1/10会花钱购买,但现在的使用者已有100人,1/10不再只是1人而是10人。如果这个过程像病毒传染一样持续进行,很快就会有几百万个使用者,即使还是只有1/10的人付钱买产品,购买者也已高达数十万人。开发产品的成本早已回收,软件的单价便持续下降,愿意花钱购买的人群也从10%增加到20%,这不是几千人的20%,而是几百万人的20%,而且这还使Word软件成为全世界标准化的办公软件。这一切都是从9份拷贝软件开始的。

这套计算公式适用于所有可重复使用、升级换代或发展出新版本的知识产权,比如音乐、电影、图书,只是程度与方式有所不同而已。

那么,你应该允许别人盗用你的知识产权吗?如果你能阻止,当然不会允许。但你也必须知道,数字化时代已经使数学的哲学大为改观。

如今,.com 狂潮 (Dotcom Hysteria) 四处弥漫,很多人靠它赚大钱;这种新哲学正在挑战并改变我们对民主和商业的定义。

要注意那些能赚钱的、离经叛道的新构想。

新奇的小说

弗朗斯·本特森(Frans G. Bengtsson)的瑞典小说《长船》(Röde Orm，即 The Long Ships，分为上下两册。)最早在1941年到1945年间出版发行。这也许是讲述维京人故事的著作中，写得最有趣、最接近历史真相的一套书。这套书把《罗马帝国兴衰史》(I, Claudius)与英国电视喜剧《蒙提·派森》(Monty Python)进行了充满创意的结合。

这套书描写了一个普通维京人洛德·奥姆(Röde Orm)的命运，从试着了解基督教（"你的意思是他是神，却被钉到了一根木头上。我实在不明白……"），到喝得酩酊大醉参加斗剑，最后成为地中海奴隶，他经历了维京人在200年的鼎盛时期里所经历过的每一件事：盛宴、诗歌、战役与商业。

产品力求完美

营销技术不断发展和完善,"我们什么都能卖"这句话变得更加理所当然。99%的营销与广告类图书都在教你如何吸引市场的注意,而怎样的产品才能让顾客主动买单却成了次要的考虑因素。

让我们回到问题的本质吧。你必须把心思放在提供最好的产品与服务上面。请自问:"这项产品能为消费者的生活带来哪些改善?这个产品能让他完成梦想、寻找到意义、活得更久更健康或者每天多出1~2个小时的自由时间吗?它能让人开怀大笑吗?"

市场上有许多产品完全是多余的,幸运的是没有人能强迫你去买某样东西。但是如果你饿了,唯一可选的是快餐连锁店,你怎么办?如果你渴了,所有饮水机全被饮料售卖机

取代了，你怎么办？在超市很难找到有益于健康的面包或早餐麦片，你又怎么办？身为消费者的你已经上当了，你认为自己拥有选择产品的自由。

虚假的自由，造成消费者和企业双方一定程度的懒惰与顺从。大集团挤走小商家，而消费者却懒得抗议。

这是坏消息也是好消息。人们虽然不清楚自己的需要，但内心必定潜藏着对诚信与品质的渴望。市场调研不一定能发现这种需求，但这正是你大显身手的黄金时机。

人们不知道什么是真正的好产品，但渴望拥有它们，也渴望有人生产并销售它们。

营销活动的关键是营销产品

从前有个国家，全世界都知道它充满侵略性，对人权的践踏更是骇人听闻。一位著名的品牌顾问受邀前去改善时，这个国家已经恶劣至极，就算是该国最忠实的支持者都不否认这点。

这位顾问曾经扭转乾坤，让烟草公司变成环保英雄，让快餐连锁店变成健康食品专家。这个国家的人知道了他的能力，立即向他请教一些十分重要的问题。

"你觉得应该怎么办？做广告、举办文化活动、请名人为我们宣传？谁可以做我们的代言人？你认为我们还能做些什么？"

"你们会认真考虑我的建议吗？"品牌顾问问他们。

"当然会啦，你是这方面的专家嘛。"

"释放一半的因犯,远离那6个独裁者,一笔勾销这3笔借给外国的贷款,并把对外援助提高4倍。然后,我会免费帮你们写几篇新闻稿。"

政府官员记下了这些要点,逐一深入讨教,并感谢他的宝贵时间与建议。过了一星期,他们把打造某巧克力饼干品牌的高手请来,又选了一位名人代言,最后也不知道花了几百万来举办所谓的"世纪活动"。

一年后,这个活动早已被人遗忘,这个国家的形象毫无改观。这个故事的寓意是:**空有丰富的资源与优秀的人才并不能改变什么,产品的品质才是最重要的。**不好的产品很难打开销路。

品牌的威力和性格

在我们的一生中可以看到或者拥有的商品成千上万，还有无数的品牌正铺天盖地而来。但是，对品牌的所有需求最后都可归结为两种情绪体验：意义与娱乐。

产品带有理性诉求，而品牌则建构在简单的情绪吸引之上。这种吸引又可归结为意义与娱乐。这种品牌为什么能让我笑（娱乐性）、觉得合适（意义）、吸引异性（意义与娱乐，这两者的比例由你决定）、感到安全自在（意义），为什么能让我打发今天下午的无聊时光（娱乐性）、表现自己的品位与个性（意义或娱乐，或者两者皆有）……

只有这两项吗？是的。

看看这个故事。一位中国游客遇上了一位英国游客，在翻译的帮助下，他们开始比较双方的文化。东拉西扯一阵之后，他们聊起两国的文字和写作来。

中国游客说:"我们中国的文字有悠久的历史传统。为什么这么说呢,因为我们有十几万个文字符号。你们英文有几个?"

"26个。"

"26个?"

"是的……"

"就这26个字母,你们怎么描绘细微的事物啊?"

"但我们就是能。"

莫扎特又是如何运用11个传统音符,谱出天籁之音的呢?但他就是可以。

这本书的原稿是用两个符号在计算机上写成的,它们就是"0"和"1"。我们都知道计算机的功能有多强大。

意义与娱乐就是品牌的0与1。就像应用软件一样,由一连串0与1组合成的软件,可以运作得很好,也可以运作得很差。

0:意义与娱乐结合在一起,决定了品牌的威力。

1:这两个因素的相对比例,决定了品牌的性格。

用这个原理来分析你所仰慕的品牌。(详见下页图表)

现在拿你自己的品牌试一试。

你应该改变相对比例吗?侧重意义还是加强娱乐性?或者两项都应该加强?

一切由你决定,只要你真实面对就行。

苹果电脑	
娱乐与意义的总体分析	两项指标都超高，娱乐性较强。
	这不是一个操作系统，而是一种时尚，一种创意工具，能助你梦想成真，如提升网络人气，制作有突破的电影、热门的歌曲和绝妙的播客。
相对比例	70%的娱乐。它一流的绘图与操作功能的确让人爱不释手，但其他个人电脑的功能与它相差也不大，并且可以兼容其他公司的应用软件。
	30%的意义。它能激发你的灵感，且已成为一种热力四射、广受欢迎的时尚。

绿色和平组织	
娱乐与意义的总体分析	两项指标都是中高到高。
	一度非常高，但由于出现内讧，爆出各种丑闻，加上它的理念逐渐主流化，品牌魅力已不如当年。
相对比例	70%的意义。还有什么比拯救世界更重要？
	30%的娱乐。它的广告高明，说真的，从电视上看，"黄道带"(Zodiacs，天体上黄道两边各8度的一条带。——译者注)橡皮艇比法国的雅克·库斯托(Jacques Cousteau，法国海军军官、探险家、生态学家、海洋及海洋生物研究者。——译者注)保护海洋的任何行动都更有效果。

23 竞争第二

> 我宁可拿铜牌也不要拿银牌。银牌意味着你不过是最好的失败者，是失败者中的No.1。
>
> ——杰里·塞思费尔德（Jerry Seinfeld）
> 美国电视剧集"欢乐单身派对"的编剧兼男主角

竞争就意味着有人赢有人输。真正的赢家只有一个，其他人都是输家。从个人、组织乃至整个社会的角度看，竞争都是件令人难受的事，不仅不必要，而且还会产生不良的后果。

根据基本常识，以及经过数百个跨文化的临床研究反复证明：竞争并不能带来优异的成绩，也不能孕育创意。事实上，在教育、研究、艺术和商业领域里，竞争都会在团体中造成低质量、低绩效、低创意的局面（我们将在 B 企业文化详细论述）。

让我们从常识说起。假设某个房间里有 100 个人，房间突然发生火灾。所有人同时奔向出口，在可怕的 4 分 38 秒里，人们又抢又打又咬。结果只有 20 人脱险，80 人被烟熏至窒息而死。

假设同样的火灾发生在同一个房间，不同的是，里面的 100 个人都受过一定的训练。他们知道如何保持冷静并尽可能理性地合作。这个房间的人迅速而安静地鱼贯离开，每个人都活着出去了。

第一个房间里是不顾一切追求成功的人。社会把他们奉为英雄，如政客、运动明星、游戏节目主持人；另一个房间里的人则习惯彼此合作，他们都知道齐心协力，共同领先的乐趣。

第一个房间里是赢家与亡灵的集合；而另一个房间里，人人都是赢家。

大家都说做生意要像第一个房间里的人一样，如果不抢先，我们就会被火烧死，被烟熏死。在另一个房间里，我们看到这个道理是行不通的。但在日常生活和商业世界里，我们不一定看得明白，而且更复杂的是，房间的出口只有一个，我们却能在商业世界中创造许多出口。

在商业世界里，的确有些商人每天互相掐脖子，争得你死我活。但成功的企业家更关心的是如何让自己的事业发展得更好，而不是如何导致别人失败。努力追求成功与努力打倒别人是两回事。一心只想赢的人，无法把重心放在工作上，反而很难获得成功。

在美国，当一个人被认为"有竞争力"（competitive）时，

是一种恭维。"他是一个真正的竞争者","他有致命的竞争力","她会赢,拼死也要一试"这些句子,毫无疑问具有赞扬的意味。

然而,在许多国家,这种描述会带有负面的意义,甚至是一种侮辱。比如在瑞典,孩子最被看重的能力是"在团队中与人合作的能力",团队活动受到重视;日本则鼓励孩子彼此合作而不是互相敌对。

"在狗咬狗的世界,最后出头的往往并不是狗",在许多国家这就是常识。这些国家的读者必须原谅我们在此谈论这个理所当然的问题,我们无意冒犯什么。

24

工具一样，用法不同

维京人出发征战时，他们的工具与其他人的并没有什么不同，不外乎是剑、船、盾、矛等。他们成功的关键在于使用这些工具的时间、地点和方法。

想把某种新产品或新构想传播出去，需要依靠一些传统的工具，例如广告、公关、口碑、人口统计资料以及其他的营销法宝。关键在于何时、何地以及如何使用它们。

走维京人的路，以不同的方式运用你的资源。

广告不管用是好事

> 思考最离谱时，话说得最好听。
>
> ——摘自《哈维默》

"通货膨胀"是一个很简单的概念：一种产品生产得愈多，其价值愈低。随着媒体不断地增多，电台和电视台的出镜率与可信度都有所降低。附近超市书报架上放的那些期刊，你曾经听说过它们吗？这个世界似乎已经变成了一片不折不扣的信息沼泽地，我们不需要这些信息，也不感兴趣。我们把太多时间浪费在无用的信息上。

100年前，广告还很少，你几乎不必展示产品也能把它们卖出去；50年前，广告只要带点娱乐性或提供一些信息就足够吸引目标顾客了；今天，嗯……我有坏消息也有好消息。

坏消息是花几百万美元做大量的电视广告和公关活动，品牌的宣传效果却几乎为零。好消息是只要花几千美元，你也许就可以占领全世界的市场，前提是你必须有个好故事。

事实上，品牌宣传有一条不成文的规定：你的故事越好，就越不需要花钱让媒体帮你做广告。如果故事好，媒体自然会注意到并形成口碑传播开。如果你创立了一个新品牌，它会成为新闻，而刊登新闻是不用花钱的或者至少会便宜点。

品牌如果有新闻价值，营销与推广就更容易。

好故事更值钱

维京人的英雄故事几乎全靠口耳相传,在维京时代末期才开始有一些文字记录流传后世。维京人虽然很有文学修养,也有发展成熟的书面文字,却从不认为记录历史和文学创作有什么了不起。维京人创造故事,但从不刻意记录,也未留下城市建筑、纪念碑或宗教遗迹。我们无法领略有维京特色的风光,迪士尼公园里也没有维京人部落,但是维京人的文化和神话故事就像古希腊与罗马神话一样广为人知。

古希腊和罗马神话都是由具有千年历史的古老帝国记录在成千上万本书中而流传下来的。一个星期里有几天都是以维京神祇命名的;英、德、法文中的北欧词汇比比皆是;数百万人排队等着看《魔戒》(Lord of the Rings),而这个故事就取材于维京神话。维京人留下的历史遗迹比许多已完全消失的文明留下的还少,但维京文化却长存至今。

理由很简单：他们的故事富有魅力。人的身体对食物、水、性等有基本的需求，紧接着就是内心的需求。其中最重要的，是对快乐和生活意义的追求，也就是让自己的生命故事有声有色，最好有个快乐的结局。文学、音乐、艺术、历史、宗教、心理学、哲学，都有为混乱的世界建立秩序的崇高理想。**每个稍纵即逝的奇思妙想或深刻洞见，都价值连城**。在灵光乍现的那一刻，哪怕只是稍微洞悉了一点宇宙的奥秘，我们都会为之欢呼雀跃。

好故事的影响力不受语言限制。它之所以有力，是因为真实，而它的真实又源于有力的故事。好的故事可以撼动大山，可以创造宗教、国家和财富。

成功不仅是因为给世界出了好主意，提供了好产品或好服务，还因为有一个好故事，一个能长久流传的故事。

你有什么故事？你该怎么讲述它？你得用心思量，因为它可关系到好几百万的利润。

海盗 ❋ 商道
THE VIKING MANIFESTO

老婆值多少钱？

"……36件貂皮换一个农家好闺女。年轻、健康、强壮，没有疾病也没有残疾。貂皮必须是最保暖的质地，完好无损、没有箭痕；或者30件质量上乘的海狸皮……加上1件新的亚麻连衣裙、1把牛角梳、3根有孔的针和1把剪刀。"（摘自本特森的小说《长船》）

以上是一场争议调解听证会的内容，讨论如何补偿一位老寡妇，因为她的两个女儿未经她同意就嫁给了陌生人。

27

维京人的禅

森林里有棵树倒了,却没有人听到,这是好的营销吗?当然是。这叫做维京人的禅。

有一家名叫巴塔哥尼亚(Patagonia)户外运动服装制造商。从 20 世纪 80 年代到 20 世纪 90 年代初,就将净利润的 10% 捐给了基层平民的环保活动。这些捐款行为从未向外界公开,新闻稿和该公司印刷精美的公司简介上对此都只字未提。这种做法持续了 10 多年,该公司总计投资了数百万美元赞助环保活动。

汽车和石油公司花费数十亿美元做广告,宣传他们为环保做的每一点贡献,巴塔哥尼亚花了数百万美元做环保却保持沉默。这算得上高贵吗?当然。这算是经营有道,公关有方吗?肯定也是。

尽管巴塔哥尼亚避免公开宣传，但捐款的受益人会告诉他们的朋友、家人和邻居，他们再转告他们的朋友、家人、邻居。这样的口碑效应，自然影响到巴塔哥尼亚产品的目标顾客群——户外活动爱好者。于是，巴塔哥尼亚的销量一飞冲天。虽然这家公司最后还是把他们的义举公诸于世，但消费者都理解他们的做法，并一如既往地信任他们。

另一个深谙维京公关禅道 (Zen PR) 的先行者是绝对伏特加公司。该公司创业初期的广告预算有限，于是制作了一个新颖独特的广告，并刊登在读者较少但风格前卫的杂志上。这样的广告本身就具有一定的话题性，吸引了媒体进行报道，并迅速将影响扩大至数百万读者。

随着公司的品牌逐渐壮大，广告预算也不断地增加，但他们依然采取维京人的公关战术，只把规模扩大了一些。绝对伏特加后来又花了数十万美元，委托设计大师范思哲 (Versace) 设计了一组夏日流行服饰，让超级名模，如凯特·摩斯 (Kate Moss) 与娜奥米·坎贝尔 (Naomi Campbell) 冒着冬天的严寒在瑞典最北方的户外展示服装。

具有传奇色彩的摄影家赫伯·瑞茨 (Herb Ritts) 以尤卡斯亚维冰旅馆附近的冰雪世界为背景，拍摄了一组精彩的照片。当时的气温是摄氏零下 30 度。在北极圈极寒天气的袭击下，模特儿一次只能拍几分钟，然后必须马上裹上毛毯，躲进有暖气的帐篷，等元气恢复后再出去户外拍几分钟。这次大制作所拍出的经典照片被发表在 Elle 杂志的插页上。这份杂志的发行量只有 40 万，如果按读者人数计算，这大概是史上最贵的广告了。

花这么多钱却只覆盖到极少的人群，划算吗？当然划算！随后 6 个月里，这些照片出现在各地的各类媒体报道中，从报纸到专业摄影杂志，最后全球有近 10 亿人看到了这组照片。

这就是维京人公关的禅道：**做一些诚实、荣耀而有趣的事，然后不告诉任何人**。

记住，好故事不可能被埋没。

28

敢于打破固有模式

打高尔夫球的人几乎都是穿白色的鞋子，开着崭新的车子，年纪通常都接近中年或者已过中年。许多打高尔夫球的人都符合这一固有形象。如果你正在负责推广高尔夫球运动，最高明的策略就是，在打破这种固有印象的同时，又不冒犯这类人。

那该怎么做呢？

高明的品牌顾问会从这个人说起：艾利斯·库柏(Alice Cooper)。他是具有传奇色彩的摇滚歌手，数十年来以极其夸张的舞台表现和血腥、暴力的形象闻名于世（全是维京人会做的事）。恰巧，他也爱打小白球，并与高尔夫球界里半数以上的名人熟识，只是他的球技略逊一筹。

这个曾经粘着长长的假睫毛，把脸涂得血迹斑斑，舞台

动作狂野的艾利斯·库柏，有可能就是理想的海报主角，能赋予高尔夫球运动年轻、新潮的特质。

上了点年纪、品行端正的高尔夫球手，与库柏的音乐和库柏本人一起成长。库柏所散发的怀旧元素应该能引起他们的共鸣，毕竟艾利斯·库柏已有20年没有对这个世界产生威胁了。这个想法是可以复制的。

《高球天下》(*Golfer*)杂志曾经刊登了奥兹·奥斯朋(Ozzy Osbourne)等十来位非专业高尔夫球手的照片，所有图片上都标注着一句话：

"天天在家看电视，身体难免出问题！"

震撼世界或冲击常识的信息，常常让我们难以忘记。让我们深感意外的人，往往也能赢得我们的心。

几年前，摇滚乐手鲍伯·吉尔道夫访问纳尔逊·曼德拉(Nelson Mandela)。谈到音乐这个话题时，他问曼德拉喜欢听什么样的音乐。

曼德拉回答说："很多。"

吉尔道夫继续追问道："具体是什么样的呢？蓝调还是爵士？"

"哦，都不是。"

"说唱或灵魂歌曲？"

"也不是。"

"摇滚？"

"不是。"

"那是古典音乐？"

"偶而听听吧。但你知道我真正喜欢的是什么吗？那是

一个瑞典乐团……阿巴少年组(Abba)!"

谁能料到,这位非洲领袖竟然是阿巴迷。

这个世界上无奇不有,那就让我们尽力维持它的这个特点吧。

29

培训也是一种营销手段

绝对伏特加公司于 20 世纪 90 年代初推出"绝对学院"(Absolut Akademi),想尝试一下通过培训活动进行直接营销的效果。学院把伏特加的概念和特性清楚地传达给公司内外的重要人员。新闻记者、酒吧侍者、文化名人都被邀请到瑞典南部的阿赫斯(åhus),他们受到热情的款待并参加了关于伏特加的密集培训课程,同时体验了绝对伏特加背后的文化。

至今已经有超过 10 万人参加了绝对学院的课程,他们写下的数千篇文章,已形成数万条好口碑在全球传播。

如果你有高质量的产品,最重要的法则就是:让越多的人参与活动,就会有越多的新闻报道,就越有可能成为人们茶余饭后的话题。在你公司的休息室里,情况也是如此;你

的同事越是热心于公司生产什么、如何生产,他们在谈话间流露出的对公司的好感就更强(如此可提高士气),他们在工作之外提及公司也是倍感骄傲。这就带来极有影响力的好口碑。

B 企业文化

X 这个字读作 Gebo，在维京人早期的 24 个字母中排第 7。它的意思是礼物、爱、合作与宽容。

这两条线就像两个生命，展开孤独之旅，直到相遇，才使彼此有了意义。两条线各自独立，却又连接在一起。良好的企业文化是企业中最核心的部分。维京人的伦理是：努力工作、互谋其利、发挥创意和团队合作。你如何构建这样的企业文化？

信 条
Principles

公元930年，维京人通过最早最原始的议会制定法律，解决争端，这个野蛮的民族很早就探索出了有效的管理模式。

如今，北欧企业员工在平等合作的企业文化环境中，敢说真话，敢于突破，形成了强劲的生产力。

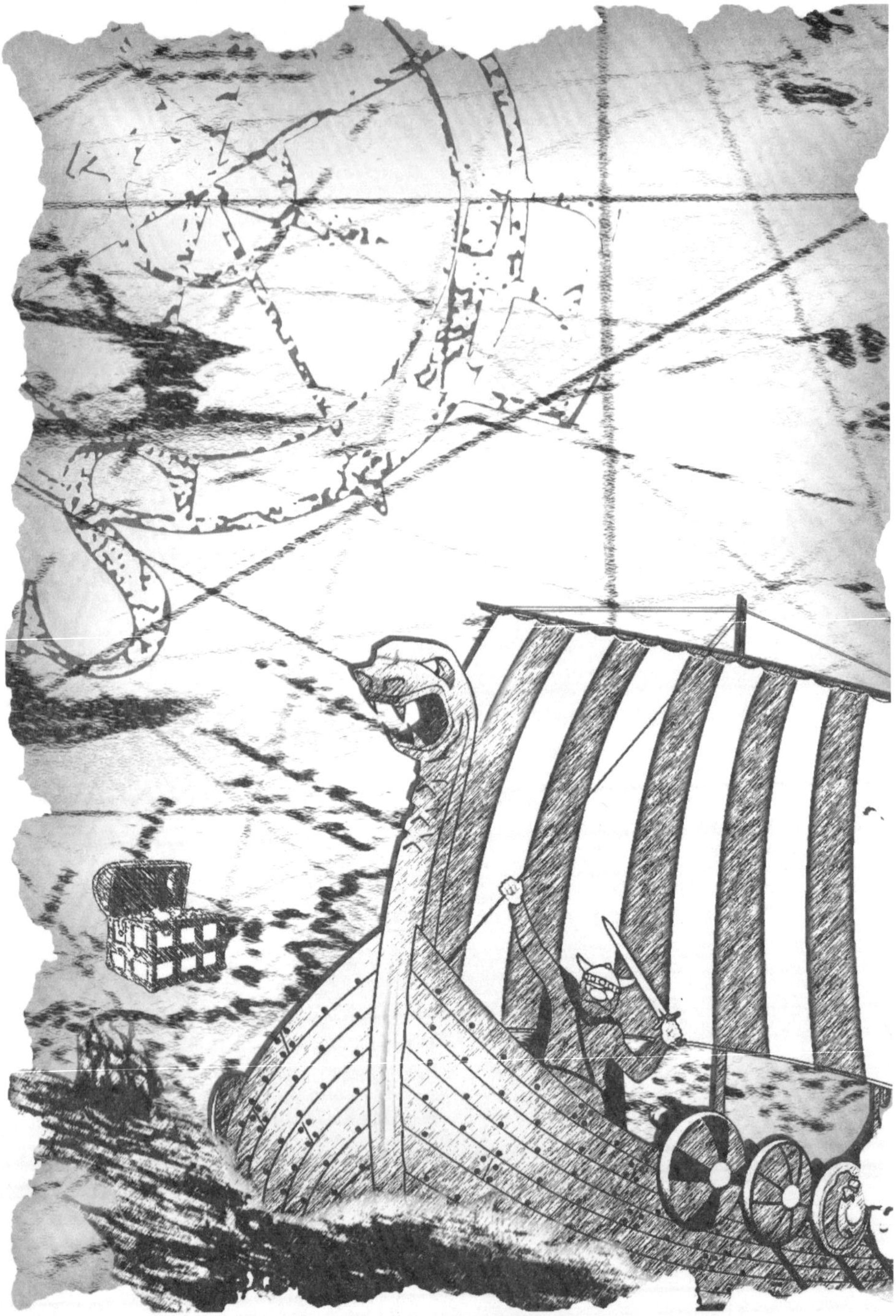

B 企业文化 Corporate Culture

30

叛逆的道德观

维京人的道德观是怎么了？他们突袭毫无防卫能力的修道院，用抢来的金银古董填满一整条船，满载而归做个有钱人。做维京人的好处就是：抢走最美丽的姑娘，击溃最勇猛的对手，乐于做自己的老板，自由地掌控工作时间吗？如果真的好人有好报，维京人就是真正的赢家。

今天，斯堪的纳维亚国家严格管制枪支且犯罪率很低，他们实施和平的议会民主，拥有极高的生活品质和最先进的社会福利制度。

一个以制造暴力和掠夺为生的海盗文化，怎么能培养出努力工作、遵纪守法的自由主义者呢？例如，现代瑞典已是一个高度重视"分担照顾"（在瑞典，丈夫和妻子共同挣钱养家，共同分担家务，共同享受生活，甚至连按照传统由女人负责

的照顾小孩的工作，也是由夫妻共同分担。瑞典的法律规定，男员工可以请假半年，专职在家里照顾出生不久的小孩。——译者注）的社会，青少年可以与父母脱离关系。他们的文化为何会脱胎换骨得如此彻底？

　　正如前面所述，答案是：改变并没有看起来这么大。历经千年，维京人踏着鲜血前进的行为已经大幅度减少了，但传承下来的企业文化却是必须拼个你死我活。

　　在以后这部分，我们会列出建立企业文化的基本原则，**一起学习堂堂正正做人、开开心心赚钱的诀窍吧。**

B 企业文化 Corporate Culture

31

人人当家

10 世纪时,一批法国代表来到丹麦,看到一队维京人坐在船上正准备启航。

法国人对着长船高喊:"谁是你们的船长?"

船上的人回答:"我们没有船长!"

"这怎么可能?"

"因为我们都是平等的。"

在那个封建专制的时代,这种想法太前卫了,超越当时的时代几百年。当时的欧洲陷入了政治乱局,战火连连,地方首领为了一点小事冲突不断。维京人却想办法团结自强,不受干扰,但他们并不是团结成一个国家,而是以小团体的形式紧密结合。维京人内部当然也少不了争吵,但他们有在共同目标下团结一致的历史传统。

北欧国家土地有限，气候恶劣，维京人只好到海外去碰运气。乘着长船驶出家门，是没有田地、出身卑微的维京人发财致富的一条通路。全船人一起分享抢到的赃物，算是劳动报酬。维京人坚持的信念就是后来广为人知的"白手起家"(the Self-made Man)。

维京人很快就和已经确认的一半以上的国家进行了交易，逐渐赢得诚实、勤奋、产品好的美名。维京团体的基本信念是：**愈人人自由表达心中所想，就愈有可能实现 这些想法**。

在管理成为一种理论之前，维京人就懂得民主意味着授权，而授权代表热情与投入。"民主"不仅是个好听的理论，也是一种高效率的企业经营方式。

我们清醒的时候多半是在工作，因此我们必须让职场成为更加人性化的好地方。在积极的环境下，员工不会担忧个人处境，而会花更多的时间为公司寻找解决棘手问题的创新方案。尽管决策的过程可能会消耗许多时间，但产能、效益和创意都会大幅提高。

未以法律保护劳工权益的国家，在市场上或许可以占有一时的优势，公司也可以随意辞退不太称职的员工。但在许多欧洲国家，尤其是斯堪的纳维亚国家，根据劳动法的规定：开除员工比登天还难。

深入了解后，你会发现还有一个因素在起作用。工作有保障是产品有质量、有创意的主要原因。例如，斯堪的纳维亚公司的员工比其他国家的员工更勇于说出心中的想法，这是因为即使他的看法不受欢迎，也不代表他会因此失去工作。

B 企业文化 Corporate Culture

在一—任何个组织中，没有什么事比玩弄政治手段更缺乏效率的了。

授权给员工让组织更有竞争力。

32

美丽的错误

布琼·艾恩赛德(Björn Ironsides)一生要完成许多事。他的父亲拉格纳·罗德布洛克(Ragnar Lodbrok)曾在公元845年协助带领120艘维京长船,顺着塞纳河潜入巴黎市,掠夺金银财宝。

公元859年,布琼带了62艘船离开他在法国卢瓦尔河(Loire River)的基地,向地中海进发。两年之内,他与同伙抢劫了法国和意大利的数十个城市,包括纳博讷(Narbonne)、尼姆(Nimes)、瓦朗斯(Valence)、比萨(Pisa)、费索勒(Fiesole)等。公元860年,他们的船满载着金银,做好了一切要夺取最大的胜利果实——罗马的准备。但只看过一眼,他们就知道这个城市不是单靠武力就能拿下的,必须得有计划。

布琼派了一位使者进入城内,还编了一个让信奉基督教

的统治者们难以拒绝的故事：

维京人的头目临终前想皈依基督教，他这最后的请求获得准许，被护送到城内接受洗礼。他很快就死了，既然是基督徒，就得为他举行教徒特有的葬礼，布琼的手下也前去参加了。当布琼的尸体即将被放进坟墓埋葬时，他突然一跃而起，用剑去刺杀主持丧礼的主教。"起死回生"的布琼把藏在棺材内的剑丢给同伙，展开了一场屠杀，不留一个活口。城门也被打开，布琼的其余人马冲进城里，奸淫掳掠，最后将城市付之一炬。

可想而知，他们的战果丰硕，这次行动十分成功。唯一的问题是，他们搞错了城市。他们没有征服圣城，却把位于比萨与热那亚(Genoa)之间一个叫鲁纳(Luna)的小城给毁了。

这个故事的寓意很清楚：**只要有勇气、信心和谋略，即使错误也会有利可图。**好主意如果具有实用价值，事情就成功了一半，其余就看你的地理知识了。

维京人的涂鸦

看来维京人比我们之前所认为的要淘气得多：他们来到地中海，四处涂鸦。最近发现一些神秘的北欧卢恩文（rune，古代北欧的卢恩符文是预知未来的工具，是一种神秘的占卜魔法。只要正确召唤卢恩符文，就能以符号的象征意义和大自然的力量接触。——译者注）记号刻在按理不应该出现的地方，例如希腊比雷埃夫斯港（Piraeus）的一个古老石狮头上，或是伊斯坦布尔（Istanbul）圣索菲亚教堂（Hagia Sofia）里。

涂鸦的内容多与英雄有关，例如对阵亡同胞的致敬。而"XX到此一游"这种涂鸦是好几百年以后才出现的。

B 企业文化 Corporate Culture

33

难题是经理人的好朋友

> 我们一向都把难题当做机会。一旦难题少了,我就开始担心了。
>
> ——英瓦尔·坎普拉德(Ingvar Kamprad)
> 宜家家居创办人

"需要(necessity)是一切发明之母",这句话大家都懂,但还是有很多公司忽视"需要"的问题,或未能从中得到启示。就像飞行学校会告诉未来的飞行员,气流动荡是他们最好的朋友。主管们也应该正视问题,把问题当成调整公司的商业理念,提高效益,鼓励创新或提升品牌的大好时机。只有真正用认真的态度去检视问题,我们才能让事情向更好的方向发展。

1956年的一天,身为宜家家居创办人之一的吉利斯·朗格(Gillis Lundgren)和一位同事想将笨重的木头桌子放进车

的后备箱,但没做到,他们只好不知所措地呆站着。这时,有些抓狂的他忽然说出了一句改变历史的名言:"哦,老天,让我们把桌脚拆下来放在下面吧。"宜家家居从此有了平整包装(flat pack)的概念,这一概念后来成了风靡全球的现代魔咒,也是家具价格得以降低的最大功臣。不管是把产品从工厂送到店面还是展示间,平整包装都大幅减少了运输空间,并把昂贵的劳动密集型组装工作转移给了顾客。一个小问题,造就了一个重大的机遇。

没过几年,宜家家居遭遇到更大的困难,结果却带来了更大的商机。这家不知从哪儿冒出来的小角色,产品价格低得离谱,让瑞典的其他家具企业眼红,他们决定联合起来把宜家赶出去。

所有的零售商和批发商联合起来恐吓宜家的供货商,谁发货给宜家,谁就会被列入黑名单,再也别想发货给其他家具店了。他们不让宜家的创办人坎普拉德参加任何商展活动,一面倒的家具业新闻记者也总是写些不利于宜家的文章。围捕女巫的好戏正在上演。这时宜家家居的业务蒸蒸日上,但供货商却越来越少,情况似乎让人绝望,宜家被迫到海外寻求制造商。

在20世纪六七十年代,他们最先想到的是波兰,就在波罗的海(Baltic)的对岸。波兰计划经济的定价结构与数百年的良好家具制作工艺,解决了宜家的困难。宜家与波兰政府协商,找到数家供应商,他们愿意添置最新的机器设备来生产宜家包装平整的产品。

这次合作创造了一种模式,该模式在未来几十年里以不

B 企业文化 Corporate Culture

同的组合形式反复使用，确保宜家产品的价格远远低于市场上的同类产品。

两个难题不仅造就了两次机会，还牵动了整个家具产业的神经。

谁知道让你心烦的事会为你带来什么好处？

34

狂暴战士宜做先锋不宜领航

狂暴战士（berserker）是指古代斯堪的纳维亚战士，他们在沙场上冲锋陷阵，刀枪不入。它是英文和其他语言中"狂暴"（berserk）一词的词源。

维京人发动袭击绝不会提前警告，也绝不手下留情。僧侣是维京人恶行的主要见证人，他们把维京人形容成力大无穷的恶魔，只有撒旦才能赋予他们这种力量。

这种恐惧无疑是狂暴战士的杰作，这些特殊的维京人，因为在战场上疯狂杀敌而闻名。狂暴战士坐在船头，想到马上要厮杀就兴奋得难以自持。他们的体形大于普通维京人，而普通维京人又比被掠夺者高出一个头。在战场上，狂暴战士无畏无惧，好像有着超人的力量。想想就知道，他们肯定服用了兴奋剂。狂暴战士特别喜欢粉状毒蝇伞，它不仅

会带来梦幻般的快感，还有类固醇（类固醇的学名叫做"肾上腺皮质素"，正常人的肾上腺每天都会分泌一定量的类固醇来维持体内正常的生理运作，它是生命不可或缺的重要荷尔蒙。——译者注）的作用，能增强作战的力量、毅力和勇气。

因此，让狂暴战士坐在船头做先锋是很自然的事。维京人凶猛，狂暴战士则极端恐怖。有人甚至这样描述狂暴战士：即使手脚被砍断，身受致命之伤，他们一样会持续奋战。

当然，手持武器、身长六尺、嗑了药的疯子绝不是好耍弄的，他们的进攻也绝不只是一场游戏。即使维京人本身也未必赞成他们的存在。狂暴战士在横跨北海的长途航行中会制造各种事端。有些人会突然发狂，在航行中无缘无故地从船上跳进茫茫大海；有些人会在海吃海喝之后狂躁不安，与人发生冲突。于是维京人与狂暴战士达成一个协议，那就是千万不能让他们掌舵。

在今天的商业世界里，疯狂的暴力没有任何好处，但组织机构还是可以利用狂暴战士的原则，因为所有机构内部一定都有些不安分守己的人。他们有的举止怪异，有的对事情满不在乎，有的爱发牢骚。他们通常都被晾在一边，被边缘化，机构不是禁止他们发表意见就是对其漠不关心。

然而要记住，**大多数成功的组织都是由行为古怪的人开创的。**霍华德·休斯（Howard Hughes）、亨利·福特和爱迪生都有些奇特的行为。这些行为在组织扩大，处事变得谨慎之后就会迅速消失。想保持成功，组织必须让狂暴战士发挥作用。比如，本来应该开发企业管理软件，却把大多数时间用来开发游戏软件的人；伶牙俐齿、笑话连篇的秘书；被你排除在客户会议之外的资深主管等。这些人常常创意十足，有能力帮助公司更上一层楼。

应这样对待新一代的狂暴战士：给他们打气，听他们说话，让他们上阵。但再次强调，绝对不能让他们领航，万万不可。

俄罗斯与维京人

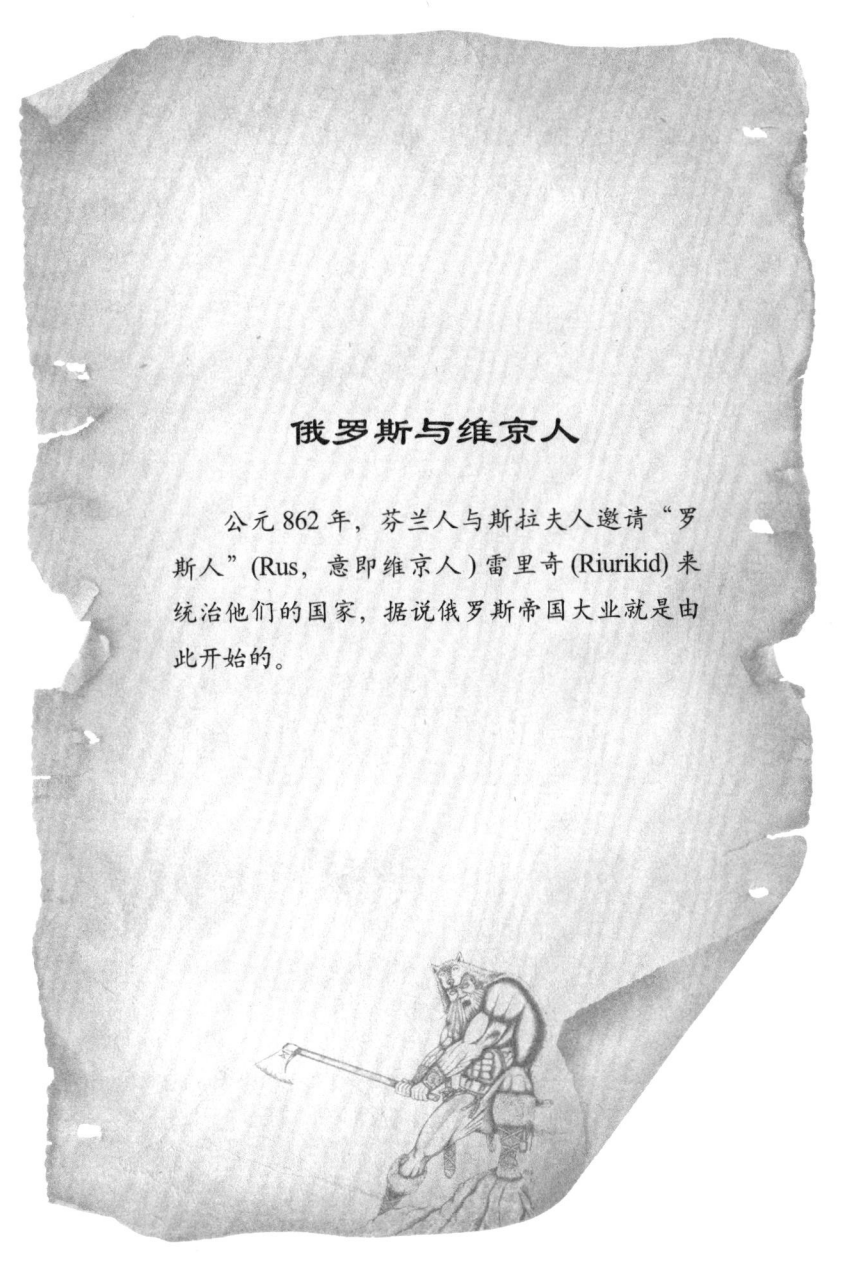

公元862年,芬兰人与斯拉夫人邀请"罗斯人"(Rus,意即维京人)雷里奇(Riurikid)来统治他们的国家,据说俄罗斯帝国大业就是由此开始的。

35

暴力不是一桩好买卖

9世纪时，罗马帝国瓦解，已有3 000年历史的地中海文明也随之结束，世界处于权力真空期。欧洲战火频仍，纷争不断，好几个世纪都不断上演以暴力夺权篡位的故事，在一个世纪，甚至一代人里就会更换几个国王，经历几次改朝换代。与这种混乱局面比起来，维京人的暴力突袭只不过是小巫见大巫。唯一不同的是维京人的做法更高明，成功率也更高。

即使在今天，文化、经济与政治的真空地带也极可能产生暴力。一场暴风雨能让一个城市在一夜之间变成梦魇之地，就像新奥尔良（New Orleans）。更大的真空地带所带来的暴力，远非维京人可以想象，比如伊拉克乱象环生的现状。

在公元2007年，你每天都会发现，可怕的暴力随时都

B 企业文化 Corporate Culture

可能在全球经济体系内上演。雇用童工、环境污染以及恶劣的工作环境，每天都使上百万人遭受痛苦的折磨甚至死亡，而这一切只不过是为了生产球鞋、玩具和石油。

维京人花了几百年的时间才知道暴力并不是一桩好买卖。当欧洲还在寻求自身的定位时，维京人已经有了自己的结论。他们认为开展贸易比打破僧侣的头更有利可图，也更有意思。

身为营销人员，在商场上我们理应排除粗暴的作风，这不仅是遵从基本的道德理念，更是出于经济上的考虑。

不相信吗？请再往下看。

36

善待员工不亏本

很多人认为，付给员工的工资越少，老板赚的钱就越多。能做到最廉价的原料、最廉价的零件、最便宜的产品就是赢家。正因为如此，许多制造商把工厂搬到第三世界国家，因为那儿工资低，没有劳动保障，地方独裁者也容易受贿赂。

即使我们在道德上能接受这套做法，它却不一定能让我们赚更多的钱。让我们从一个简单的例子说起。你若使用奴隶制造产品，只需要给他们吃的，让他们能活着继续工作。可以想象，利润该有多高！但是你还要建造能防止他们逃脱的营房，但成本也就这么多；当然啦，你还得付钱请人看管他们，同时保护你自己（你在当地的人缘大概不会太好）；你还要请一些人做内奸，以防奴隶们搞阴谋。你总要设法让他们生产像样的产品，还要请人帮你抓回逃跑的工人。

B 企业文化 Corporate Culture

所以，雇佣奴隶的做法在经济效益上根本行不通。那么，付给 9 岁的童工微薄的薪水，让他一天工作 14 小时又怎么样？你去一个饿殍遍野的国家，找这种工人一点也不困难。你不必提供伙食、宿舍，也不用请人看管他们。如果他们病了，就把他们开除；如果他们集结起来想造反，就找当地警察解决问题，最好趁月黑风高时进行。就压低生产成本来说，这当然是最好的解决办法。然而，问题之所以有趣也正是在于此。劳动力成本只是生产成本中的一小部分，还有三个因素有待考虑：品牌、技术和目标顾客群。

品牌的力量决定了产品的价格与利润情况。较高的劳动力成本可以轻易地被好的质量与社会责任抵销。在日益透明的全球化经济中，获取某品牌产品的产地、生产方式等信息也变得更加方便和普遍。虽然消费者的反应距离公然抗议还有一段距离，但已有迹象表明，**品牌若不承担社会责任，在市场上就会处于愈来愈不利的位置。**

另一个因素是技术。劳力成本高的国家通常创新能力也较高。尽管瑞士的薪资水平在全球排名前几位，Swatch 刚开始在瑞士制造塑料手表时，它的价格仍很具竞争力。因为他们有最好的技术，能压缩生产时间，减少零件数量，再加上成功的品牌理念，使得他们在市场上所向披靡。

最后还应该注意，员工也应该是公司产品的目标顾客群。20 世纪 90 年代，亨利·福特将员工的薪资提高到市场普遍行情的 2 倍，以便让员工买得起自己制造的汽车。福特公司革命性地改进生产线，使制造成本降低，从而给员工较高的薪水。这项创举对品牌发展的意义还不仅是这些。员工人数

虽然并不太多，但随之而来的企业声誉和宣传价值却非常喜人。每个开着福特汽车的员工都是一个鲜活的品牌广告，报纸报道他们，邻居议论纷纷，消息很快就传播开去。今天，市场上的许多产品也可以实现同样的效果，不论它们是来自大企业或小公司。

例如，之前我们提到了"乐美福"这家小型户外用品公司，它的所有产品都在瑞典制造。你可能认为，他们的塑料三用餐勺以及组合餐具若在劳动力较廉价的国家生产，成本可以降低许多。但他们的产品原料是聚丙烯(PP)和聚碳酸酯(PC)这两种塑料，所需要的先进技术在某些国家还属稀有。乐美福公司的社会良知和商业智慧促使它接管了伊莱克斯公司做吸尘器外壳的先进工厂。伊莱克斯把部分生产线搬到匈牙利时，留下了世界一流的厂房设备，也让当地小镇的经济出现一个缺口。乐美福雇用了伊莱克斯工厂的一些专家，从而聚集起这个行业的顶尖高手，拥有了强大的生产能力。他们的品牌因此获得了广泛认可，公司也赢得了更好的商誉。

这件事引起了媒体的关注。只要这家公司的营业额和利润持续上升，可供媒体报道的题材将源源不绝。

B 企业文化 Corporate Culture

37

巾帼不让须眉

> 我们妇女有自由,留在男人身边是因为我高兴,不喜欢他们我们就离开。
>
> ——维京妇女对西班牙访客如是说(公元850年)

维京妇女认为男女平等,这样的观念让当时的许多外国观察家非常惊讶,而多数维京男人也接受这种观点。妇女可以自由选择结婚对象或离婚;妇女可以经营农场、做生意,在社会上有影响力,有地位。当她们的丈夫出远门时,事业就交由她们打理。早在公元400年,维京妇女就拥有继承权,而欧洲妇女1 000多年以后才争取到这种权利。

结婚时,新娘与新郎带着同等价值的家产组成新家。如果婚姻不和,男方必须归还给女方一份家产。婚礼的庆典持续好几天,新人在公众面前圆房。参加婚礼的客人跟着新人

进入洞房,手持火炬看着他们身体交合,然后继续举行宴会。

结了婚的男人可以有情妇,但必须经过太太同意。如果未经太太同意,轻者罚钱,重则马上离婚。依法离婚的条件还包括出现家庭暴力,不爱护另一半,行为懦弱或穿着不够男性化。

听起来,这就像好莱坞电影情节一样司空见惯,但它们比好莱坞建立或性革命发生早1 000年,在那时,维京人就学到了这些重要的教训。平等和民主是成功必不可少的工具。它们不仅是带给人美好愿望的名词或某种理想,也是值得所有人关注的社会命题。

社会学者衡量世界各国的国情时,用的是国内生产总值、平均生活水平、教育程度等指标。随着数据处理技术、应用软件和计算能力的发展,他们开始用更加复杂烦琐的方法来比较各国在全球市场的表现。这些新的指标通常包括性别平等、同工同酬、男女教育水平比等因素。

联合国贸易与发展委员会 (UNCTAD) 制定了一个贸易发展指数 (TDI),将基础建设、公共行政、贸易政策、进入国外市场的渠道以及经济、社会、性别发展的水平等纳入评价体系。这项指数共评估29项指标,从人均卫生与教育支出到腐败程度、女性和男性占国内生产总额之比等。联合国贸易与发展委员会2005年的报告显示,丹麦、瑞典、挪威排名第一、第四与第五,美国与英国位于第二与第三。

其他的指数,有些根本就不把女性列入计算范围,通常也能得出类似的结论,但社会包容、平等和民主的确能为商业带来极大好处。女性获得平等的程度与一个国家或一个组

B 企业文化 Corporate Culture

织的经济表现直接相关,这是不争的事实。

或者换个角度想:50年前,泰格·伍兹(Tiger Woodses)想去打球,那些高尔夫球俱乐部根本就不会接纳他。你的公司或组织里有多少像泰格·伍兹那样的人?你将多少非凡的人才排除在外了?

种族歧视与性别歧视都不可行,所有资本家对这一点都心知肚明。

公元 930 年

　　这一年，冰岛殖民地的斯堪的纳维亚人在 Thingvellir（直译叫"议会平原"）解决所有事情。他们在此制定法律、通过审判、解决争端。这是全世界第一个议会，成员多数是男性。一些寡妇与经营农场、做生意的女性，也成为代表。

　　2006 年，瑞典国会议员有 47% 是女性。

B 企业文化 Corporate Culture

38

竞争太无聊

人性较丑陋的一面就是迷信竞争,喜欢自己赢而其他人输。有些国家推崇竞争,尤其是美国人。他们相信竞争会带来更好的产品,创造更好的社会。但事实并非如此。

社会和组织里的竞争,并不能使我们发挥出最好的水平,也不会带来更好的结果。在今天提出不要迷信竞争,有点像在中世纪说世界是圆的一样。几千年前,这个在今天已很明显的观察结果,人们却连想都不愿意想,因为这种说法似乎动摇了他们的世界观。即使是对社会现状的看法有所保留,非常重视团队合作的人,也会认为怀疑竞争的必要性是对社会的冒犯。

阿尔菲·科恩(Alfie Kohn)在他著名的《没有竞赛》(*No Contest*)一书中,从教育、科学和商业领域举出了数百个跨

文化临床研究个案。研究结果均表明，想战胜别人与想表现得更好是完全不同的两件事，产生的结果也截然不同。事实一再证明，合作可以产生比竞争更好的结果，孩子的学习成绩在互帮互助时也比彼此对立竞争时好。企业在合作和民主的文化中发展，要比在等级制度与竞争中发展更有效率。

1981 年，明尼苏达大学 (University of Minnesota) 社会心理学家戴维·约翰逊 (David Johnson) 与罗杰·约翰逊 (Roger Johnson) 合作发表了一篇论文，分析 122 个案例中竞争和合作环境下人们的绩效表现。这些研究案例发生在 1924 年到 1980 年间。结果显示，在多数个案中，合作能得到较好的成绩，而且任务越复杂，合作就越有优势。

大约同一时期，得克萨斯大学 (University of Texas) 的罗伯特·赫尔姆赖克 (Robert Helmreich) 进行了一次调查，是关于成就与工作投入、技术熟练、好胜心理这三项特质的相关性。他先调查了 103 位有博士头衔的男科学家，并以他们的研究成果被同侪引述的次数作为评价成就的指标。罗伯特请这些科学家填写调查问卷，以掌握他们的这三项特质。结果显示，成就较高的科学家，工作投入与技术熟练的程度也较高，而好胜、爱竞争的倾向并不明显。

调查结果让罗伯特大吃一惊，他以为好胜心理会刺激成就。于是他以心理学家为研究对象重新做了一次调查，结果还是一样。由于对结果还是不满意，他又把研究目标瞄准了最易产生竞争心理的群体——成功的商人。罗伯特以薪水高低来评价商人的相对成就，并调查他们工作投入、技术熟练和好胜心理这三项特质。调查出现了同样的结果，**薪资**

愈高，工作投入和技术熟练的程度就愈高，但好胜心理愈弱。

接着，罗伯特又对女大学生、航空公司的机师和预订代理做了同样的研究。七项研究都显示：竞争与成就呈负相关。

一旦你留意这类研究，你就会发现数百种研究得到的结果都差不多。在教育领域，外在的竞争奖励（争取高分、获得奖章，或表扬本月最佳学生）与内在激励（兴趣与技术熟练）所得结果的差异更加明显。

当然，维京人没做过一次这样的研究，但他们 1 000 年前就懂得这些道理了。

39

激励士气千万别靠奖惩

早就有人告诉我们，奖励比惩罚更能激励人心，但我们似乎并没有弄懂它真正的意思。奖和惩都不能使人表现出最好的一面，它们只是同一个硬币的两面。

红利、奖金以及奖赏本月最佳员工的可以激励员工的士气，这已经被当成一种教条。但就算是那些坚信奖励机制可行的人，也无法确保这些方案总能起作用。外部的奖赏行不通，因为它只能在短期内提高效益，长期来看则是降低效益。对于那些需要用到创意的工作来说，奖励就像是死神之吻。员工为了获得奖赏而竞争，必定会伤害到团队合作，拉大了员工与主管之间的距离。人们变得谨小慎微，不爱学习，也不愿冒险。得不到奖赏的人把这当成一种处罚，而得奖的人也会担心下次得不到奖赏。

B 企业文化 Corporate Culture

在另一本书《奖励是种惩罚》(Punished by Rewards) 中，科恩至少引用了 70 个研究个案，确定奖励会瓦解人们对工作的兴趣。在社会心理学领域，这项发现是被引用次数最多的发现之一。外部奖赏不仅没有起到应有的作用，甚至还会起反作用。因为做了某些事而得到奖励的人（在其他一些研究中，做得好就能得到奖励），其实际的工作质量还会低于未受奖励的研究对象。

我们通常认为，有两样东西能驱使人去做事：外在因素与内在因素。外在因素包括赚取生活所需、被社会接纳认可这类需求。内在因素包括主宰自己的生命、追求梦想、学习发展、被人需要、自我尊重等。内在因素绝对比外在因素更有力，工作奖励这种外部诱因，有时就像是丢块骨头给狗吃一样，一时的诱惑所产生的效果总是不长久。

民主与互助的工作环境最能激励士气。家庭与工作研究所 (Families and Work Institute) 在 20 世纪 90 年代初期做了一项研究，在美国随机选了 3 400 名男子和女子作为样本。在接受一份工作的 20 个理由中，他们将"薪水或工资"排到第 16 位，远落后于开放式沟通、激励人心的工作、可以控制工作内容与能学到新技能这些因素。

超越奖惩制度的激励法，意味着向人性的基本价值回归。科恩为动机想出了一个简明的公式，就是他的"品质 3C"：

……选择 (Choice)、协作 (Collaboration)、内容 (Content)。选择是指员工应该参与决定他们做什么工作；协作是指他们能在有效的团队中与他人合作

共事；内容是指工作的任务。要把工作做好，员工就应该有好的工作做。（摘自《奖励是种惩罚》）

真正的维京人就是这样的。一起出航的维京人会因为争夺女人、喝多了酒、服用了不良药物，或者突然出现狂躁情绪而互相厮杀，但极少是为了钱。为什么？因为他们：

(1) 尽情享受他们正在做的事（例如打家劫舍）；
(2) 每个人对自己做的事都有发言权；
(3) 都觉得自己有所贡献；
(4) 都觉得能掌握自己的命运。

把维京人的"打家劫舍"换成你的组织所做的事吧，慢慢地，你就可以看出维京人做事的智慧。

B 企业文化 Corporate Culture

40

少说废话

> 只要懂得保持沉默，就不至于变成一个笨蛋。
>
> ——摘自《强者格雷蒂传奇》
> (*The Saga of Grettir the Strong*)

瑞典流传着一个关于两位鞋匠的古老笑话。他们年复一年地坐在椅子上工作，透过鞋店的窗户安静地看着外面的世界。有一天，一匹白马从街上经过。

其中一位鞋匠说："你看，有匹白马。"

另一位鞋匠点点头，默不作声地继续工作。他们又在一起安静地工作了一个月，直到那匹白马又一次经过窗前。

"你看，又是那匹白马。"

"够了，别再说什么马了！"

维京人很能说故事，对废话却极度缺乏耐心。有一份关

于维京人的最早历史记载，描述了 3 名维京人在公元 789 年登上英格兰南岸的波特兰 (Portland) 的事。船上那些蓄着长胡子的来客在当地引起了一阵骚动，国王命令郡长比德赫 (Beaduheard) 将这些陌生人带到他在多塞特 (Dorset) 的行宫。比德赫身上有历代文官都有着的"伟大"传统，说话啰唆，毫无吸引力。饥寒交迫、精疲力竭、情绪恶劣的维京人终于失去耐性杀死了他。这个小人物成为维京人突袭的第一位受害者，以不甚荣耀的方式留名青史。

维京人宣言的巨大影响力在于他们能说出伟大的故事，并以简洁高效的方式经营事业。他们说最少的废话，讲最好的故事。**如果营销人员能在开会时把闲谈时间的一半用来创造精彩的故事，你的公司至少可以把营销预算减少一半。**

现在，维京人已经放下武器，变得温顺有礼，但他们依旧重视英雄传奇的力量，对毫无必要的废话极无耐性。 你该如何分辨废话与好故事呢？

很简单，如果你听过以后能记得内容，24 小时之后还能复述给别人听，这就是好故事。如果你做不到，那它就是废话。

41

重拾作决策的艺术

在现实社会中,我们离直觉与常识越来越远。我们看不到整个世界而只注意利基市场;不重视智者只重视专家;我们拥有了更多的信息,却缺少了评估信息的框架;需要决定的事情更多,但用于作决定的时间更少。

其实,只要有心,随时都可以重拾直觉。马上付诸行动,让我们先从决策开始。所有重要的决策都必须遵循以下几个步骤:

(1) 分析所有的相关信息;

(2) 仔细研究所有数据;

(3) 阅读所有的研究资料;

(4) 把步骤(1)、(2)、(3)形成的所有文档放进

一个漂亮的圆形文件桶中,这种文件桶通常都标有"垃圾"两字;

(5) 看看窗外;

(6) 聆听你的直觉。

当然,你也可以跳过步骤(4)、(5)、(6)。1978年,有6位营销顾问就是靠前3项拿到了5.2万美元的酬劳。

人们永远也忘不了他们的建议:"没有人会买瑞典的伏特加。这种瓶子根本不行,至于名字……'绝对'?别开玩笑了!"

B 企业文化 Corporate Culture

42

以诚相待

做人要诚实,但也要紧握手中的剑。

——维京人的某位首领

避免上当受骗的最好办法就是诚实。这句忠告超越了"善有善报,恶有恶报"的因果报应关系,也是维京人做生意的原则。你必须事前有所警觉,武装好自己,做好血战的准备,同时对敌人以诚相待。你是否注意到,经常与人发生争执,甚至诉诸法律的人,往往就是那些做事不太光明磊落的人?很有趣吧,经常被骗的人可能自己就是个骗子。别人对你不诚实,往往就是因为你自己不诚实。

人际交往要获得成功,最重要的就是实现双赢。如果协议倾向某一方或非常不利于某一方,这种关系必定会破裂。

哪怕是歃血为盟，不利的一方还是会想方设法打破协议的约束。所有的商业关系都必须建立在平等的基础上，让双方都觉得这是一笔公平合理的交易，并有再次合作的可能。相互需要是双方合作的前提。作为一个诚实的人，你有责任让你的交易伙伴明白自己在做什么。如果他对一些会伤害到他利益的事情一无所知，基于道德也是基于实际的考虑，你必须告诉他。当他发现你故意占他的便宜，他也会设法回敬你。

可以从彼此需要和互利的角度向一个组织灌输诚实正直的观念。营造起人们互相需要的氛围，能激发出他们最好的一面。就连黑手党成员也会在互相需要时，为了荣誉而合作，营造双赢的局面。

还有一点也很重要，就是互为表率。要想让组织里的人诚实，你必须更加诚实；如果你希望他们发挥出最好的一面，你就得展示你最好的一面；若想成为第1名，就要密切关注每个人的行动。组织中的每个人都希望被人尊重，因此，**互相尊重是打造有战斗力的团队的最佳武器。**

诚实战略的第二部分是"剑"。它指的是你要认识自己的产品、市场和相关法律（是时候把律师从笼子里放出来了），同时，你要知道何时去突袭那些不玩公平游戏的蠢蛋。法律的确可以解决问题，但是却很浪费时间。在正面发动法律攻击的同时，你还得采取维京人的其他战术，全力地对付对方还击。例如，打击盗版与商标侵权的方法有很多，有些方法甚至超乎你的想象。让我们来看几个令人深思的范例。

B 企业文化 Corporate Culture

43

值得效仿的创意

越来越多的世界财富由品牌的原创性创造,因此,品牌在变得更富吸引力的同时也更容易遭到剽窃、盗用。应该如何对付盗用品牌、黑客攻击和破解密码等行为呢?如何应对生产成本低廉的亚洲工厂抢占市场呢?

瑞典艺术家乌莉卡·海德曼弗瑞安(Ulrika Hydman-Vallien)是一位著名的玻璃设计师,她的作品曾大量被剽窃。一位不那么出名的艺术家仿照海德曼弗瑞安简洁的手绘设计风格,设计生产了一系列产品。他说那只是模仿,但这只是个幌子,事实上是不折不扣的剽窃。海德曼弗瑞安曾尝试用一般的方式解决:找来律师,提起诉讼。但后来她决定采取更好的方法,她成立了一条生产线来生产那些仿冒她作品的产品。

她抄袭剽窃者的产品,却把质量提升了好几个档次。以其人之道还治其人之身,她的产品卖得非常火爆,而原来的剽窃者却生意惨淡。更有趣的是,媒体对这件事情进行了大幅报道,这件事直到数年后还常被提及。她没有采取冗长、花费大还不一定有用的法律途径,而是挖掘销售金矿,做好公关,并得到媒体的肯定。

采用维京人的作风,她省下了法律费用,免受漫长的折磨,最后采取最佳的报复手段,以牙还牙。成功的法律诉讼的确会让你拿到一大笔赔偿费,还能在报纸不起眼的地方刊登一两句报道。以暴制暴的做法,再加一个好故事,就能为你换来几年的报道宣传和良好口碑。瞧,我们这本书又把这件事讲了一遍。

在数字化时代,复制与加工的速度快得惊人。那些付出心血和汗水创立品牌的人,却面临着一夜之间失去一切的危险。现在,要把仿冒品分销到世界各地,不用几个月或几年,几星期就搞定了。

仿冒品牌绝对是个威胁,但你可以采取一些行动来降低它的威胁性。对于品牌特性而言,最大的因素就是最明显的。品牌个性越突出,品牌抵抗仿冒的能力就越强。但论及纯知识产权,如音乐、电影等,又该怎么办呢?如果能从网络上免费下载音乐或电影,就很少会有人愿意花25美元去音像店购买音像制品。

20世纪90年代,当网络开始侵蚀他们的收益时,唱片公司与电影公司精诚合作,想了一个无益的办法,"把敌人熏出洞"。他们措词强硬,对那些共享网站穷追猛打,并且

B 企业文化 Corporate Culture

态度坚决，毫不宽容。虽然他们的行动吸引了很多媒体前来报道，却并没有帮助他们卖出多少 CD 或 DVD。事实上，他们的销量还在继续下滑。

他们的思维像律师而不像商人。他们完全忘记了自己走过的路。当广播电台出现时，每个人都担心唱片会从此滞销，但一段时间以后，唱片的销量开始回升。有了电视后，制片厂一片恐慌，但市场对电影的需求不减反增。然后 VCR 录影带来了，又是一阵人仰马翻，但制片公司的销量再次上升。现在，数字科技催生了一次更大规模的媒介转移，影响力超过以往任何一次，但它也可能带来前所未有的新销量。想要从这次转移中获利，唯一的方法就是加入其中。

如果从事娱乐产业的人并非会计师而是企业家的话，那他们早就应该投入巨资建立提供下载的网站，折价促销歌曲与影片。这么做，短期内可能会使利润大幅减少，但从长远来看，却能赚到大钱。就像过去一样，娱乐业没有搭上音像制品数字化的头班车，而是坐以待毙，眼睁睁看着苹果公司开发 iTunes（苹果公司最热门的音乐软件，是整理、共享、聆听电脑音乐最简单的方法。——译者注）供人下载音乐。虽然刚开始能提供的音乐数量极少，iTunes 的业绩还是一飞冲天，成为了娱乐先锋。如果娱乐产业思路正确，愿意尝试数字化，这也许真的是他们重整旗鼓的大好机会。

在未来 10～20 年内，大多数的音乐和电影都将能够下载。娱乐业将会采用什么形式运作，又该如何创收，目前尚无定论。但必然会有巨人倒下，也会有新的巨人崛起。是时候加入这个行业了。

44

律师压底

> 拟定合约有这样一个说法。同一单交易,瑞典的合约只需要1页纸,英国要4页,美国要16页。猜猜看,在哪个国家你最有可能上法院……
>
> ——某跨国企业高级主管

聘请律师的最大好处不过是做好必要的准备,不过律师也有可能坏事。不管是开董事会、制定营销策略或做创意决定,美国的律师通常都站在最前线。其他国家的人觉得这有点奇怪。美国喜好诉讼的社会风气总是让人们战战兢兢,因此也不难理解美国律师为什么拥有较高的地位,但这是反生产力,是没有效率的事情。

维京人把他们的货物分成活的和死的两种。活的货物是可以提供鲜奶和肉的乳牛、在陆地上拉船的公牛,以及其他有生产力的东西。死的货物是一些必需品,一些没有生产能

B 企业文化 Corporate Culture

力的东西，它们被放在最后一艘船上。律师就是没有生产力的角色，他们是"必要的恶"，能保护你免受不必要的损害。

律师学习"杞人忧天"这门艺术多年，常常把"这没有办法"挂在嘴边。如果让律师拥有太多的发言权，一个组织必定会僵化死亡。律师应该在决策的最后阶段上阵，针对特定议题提供一些意见，当然也仅限于法律问题。**律师应该远离董事会议，远离营销会议，凡与创意有关的决策也最好不要让他们靠近。**

律师很聪明，好的律师更是绝顶聪明。但多数律师都有一个致命的弱点，那就是缺少直觉。这个弱点会让他们拖垮一个组织，其杀伤力甚至不少于任何集体诉讼（Class Action Suit）。船上有律师助阵当然好，他们绝对是最有价值的货物。

不过要记住，请让他们坐最后一艘船。

蜂蜜酒

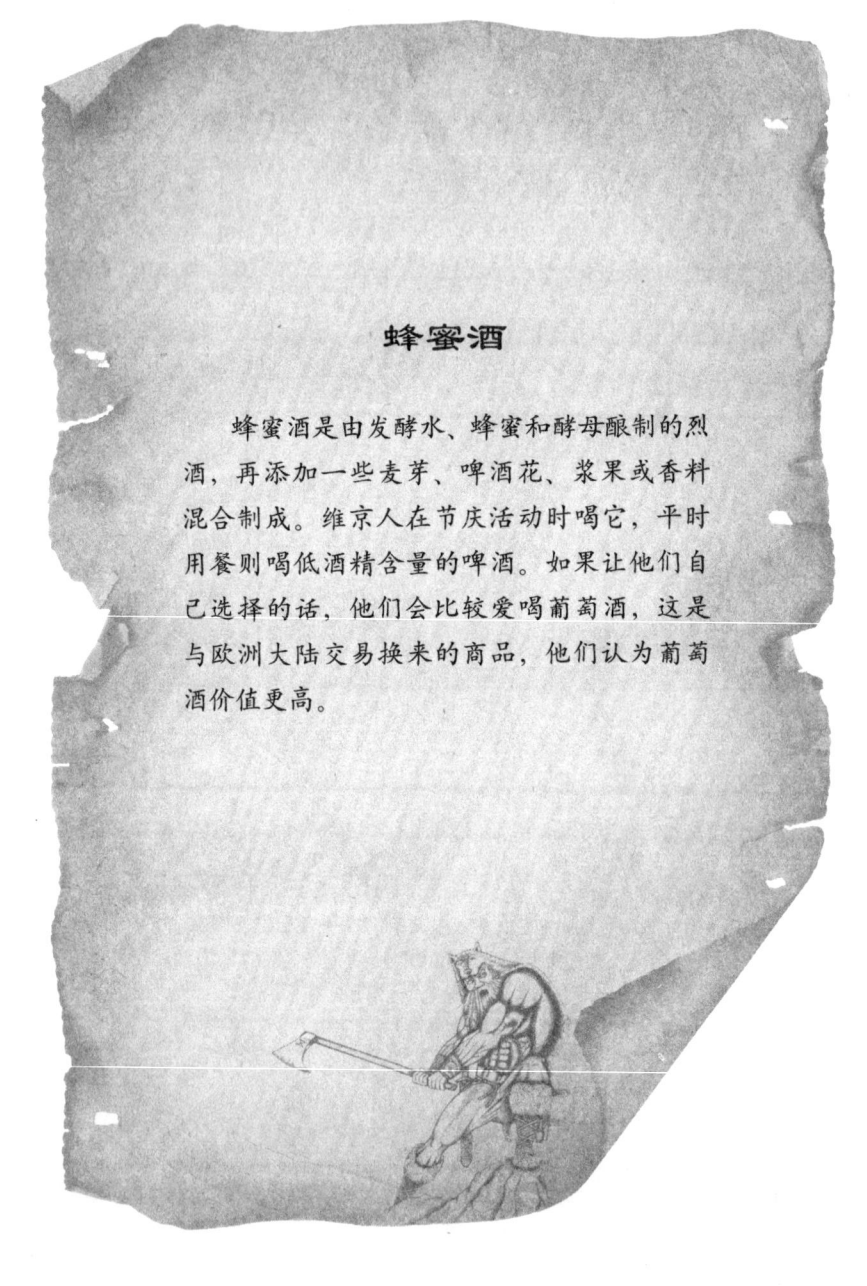

蜂蜜酒是由发酵水、蜂蜜和酵母酿制的烈酒，再添加一些麦芽、啤酒花、浆果或香料混合制成。维京人在节庆活动时喝它，平时用餐则喝低酒精含量的啤酒。如果让他们自己选择的话，他们会比较爱喝葡萄酒，这是与欧洲大陆交易换来的商品，他们认为葡萄酒价值更高。

B 企业文化 Corporate Culture

45

回馈社会

> 有智慧地散财，钱财会回来找你。
>
> ——古谚

在一篇有关 20 世纪 90 年代加州环境保护运动的文章中，史蒂夫·斯特里德写道："当今的环保运动中最令人兴奋的一个趋势，也许就是……会计。"

这不仅仅是一句吸引人的开场白，会计师最后也许真的会变成环保运动的未来英雄。

在同一篇文章里，一位知名环保人士说，在环境主义者赚到第一块钱之前，让他们做什么都是空谈。抗议者很少针对环保问题提出实际的解决方案。事情并没有什么起色，真可悲，直到资本家自己发现保护环境有利可图。

到现在为止，大多数企业的环保措施都是为了讨好那些重视环保的消费者，因为这类消费者的人数越来越多。这种现象带来了环境真正的改变，也带来了一轮又一轮的媒体宣传攻势。

随着经济的全球化，我们生活的世界越来越像一个地球村。所有浪费和破坏都被算到损益平衡表上。企业在计算利润的同时，逐渐把环境问题纳入考虑范围。污染确实会成为一笔实际的支出。过去，企业可以任意地、随时随地倾倒污染物。现在，我们发现污染物与癌症、二氧化碳、温室效应、浪费式消费和世界贫穷等问题都紧密相关。会计师开始看到，污染以过去从未想到的方式增加了企业的成本。

如果某家工厂或工厂附近的患癌率增加了20%，公司就有可能因为效益降低（员工担心自己会得病或担心家人会得病）、人员流动性增加（员工可能生病或死亡）、更多的法律费用、更高的游说（和贿赂）支出而流失大量的金钱。也许花钱最多的是推出关注环保的广告，这使媒体联络费用剧增。优秀的会计师会把这些全部列入消费项目的账上。

真诚地为社区、教育、日间托儿所和顾客健康做贡献，不但能为企业带来商誉，也能减少公司各项开支。犯罪率与家庭不幸降低，可以减少生产成本，同时，减少贫穷也就意味着提高了购买力。

看不出回馈社会有明显经济好处的人，请看以下这个完全从金钱角度考虑的例子。

二次世界大战后，美国的马歇尔援助计划投入了130亿美元，重建欧洲的工业和农业生产，稳定了欧洲金融市场，

也刺激了贸易。

战争无论怎么说都是坏消息。战争使美国最赚钱的出口市场遭到全面破坏，同时美国国内大量现金泛滥，成了外汇的梦魇。

美国提供给欧洲的资金分成直接补助和贷款两部分。计划执行了 4 年后，欧洲的国民生产总值增长了 15% ~ 20%。欧洲很快繁荣起来，并成为美国的主要贸易伙伴，带给美国企业和美国政府前所未有的高利润。每 100 万美元的投资带给美国企业和政府的长期回报，远远高于他们过去所做的一切投资。

施比受更有福，施也比受赚得更多。

46

黄金一般的争议

如果有一件事令商人像怕黑死病（就是鼠疫，是一种由鼠疫杆菌引起的自然疫源性烈性传染病，因皮肤广泛出血、瘀斑、紫绀、坏死，故死后尸体呈紫黑色，俗称"黑死病"。——译者注）一样避之唯恐不及，那一定是争议。不幸的是，如果你总是走保守路线，就会把品牌弄得了无生气。

争议像黄金一样有价值。**如果想创立好的品牌，企业应该把不时出现的小争议当成梦寐以求的圣杯。**

坚定立场，做该做的事。

B 企业文化 Corporate Culture

47

重新认识金钱

想成功,眼睛就别总盯着钱。就像跳进水池捞硬币一样,在接近水底时,你的手伸得越长,你整个人就越容易浮起来。

坎普拉德是世界首富之一,在瑞典以外他却默默无闻。他是宜家家居的创办人兼老板。1953 年,他在瑞典偏僻的森林小镇阿姆胡特 (Almhult) 开了第一家宜家家具店,作为他邮购生意的展示间,让顾客可以在订购前看到和触摸到产品。人们从全国各地赶来阿姆胡特,宜家很快成为流行小店,一时引领了风潮。

1965 年,斯德哥尔摩市的宜家开业,开幕酒会办得像一场摇滚音乐会。这家分店第一年的销售额是 1 000 万美元(现在这家分店的销售额是 1.2 亿美元)。到了 20 世纪 70 年代,宜家已经树立起设计灵巧、品质优良、价格低廉且极富个性的品牌形象，再加上一点瑞典式幽默（所有家具都有一个还算恰当的瑞典名字，瑞典人看了会心一笑，其他人也觉得有意思但不明就里）。宜家已做好准备要扬名国际舞台的准备。

宜家进军国际市场时，品牌名称、瑞典文的产品名称、郊外租金较低的大卖场以及个性化的特色都没有改变。几经扩张，宜家仍不改其小公司作风。创办人坎普拉德拒绝借贷，宜家向来财务自足，以后也会如此。他从瑞典向外扩张时，受到了当时对瑞典货币的法律管制，他被迫以个人名义借了70万美元的贷款。贷款很快便还清了，他同时保证下不为例，这项保证维持至今。

1980年年末，外界压力要求坎普拉德将公司公开上市，公司的会计师、顾问，甚至董事会都支持这个构想，但他拒绝了。他希望宜家以市场许可的速度成长，而没有必要看股东的脸色。他认为宜家应该有权选择加快或放慢成长的速度，只要那样做是对的。凭着坚决的态度以及对宜家的所有权，坎普拉德坚守立场。公司的其他人逐渐理解并认同他的态度，因为他们看到宜家依靠自己的力量，交出的成绩单一直都很漂亮。

如今，宜家在全球有237家分店，每年的销售额为225亿美元，上门光顾的客户约5亿人。宜家的经济规模快要接近一个小国家了。

最近出版的一本关于宜家的书的作者十分意外地发现，公司十来位创业功勋没有一名提到钱是他们在宜家做事的动力，由始至终都没有。这家公司的薪资一向比较低，尤其是

B 企业文化 Corporate Culture

主管级的薪水。大家都知道，坎普拉德习惯搭乘公共交通工具，习惯自己到折扣店买折价家电。一张椅子坐了32年，那是宜家1974年生产的叫做Poäng（英文是point。——译者注）的椅子。有一次，他下榻纽约一家饭店，有人发现他是这家饭店的老板，于是在他不知情的情况下，把他的房间升级为大房间，坎普拉德立即要求换回原来的房间。

　　记住，对于钱，最有创意的看法，其实都是一些"陈腔滥调"。比如努力工作、多赚少花、别买你买不起的东西、不断投资、提高产品质量以及让世界变得好一点。

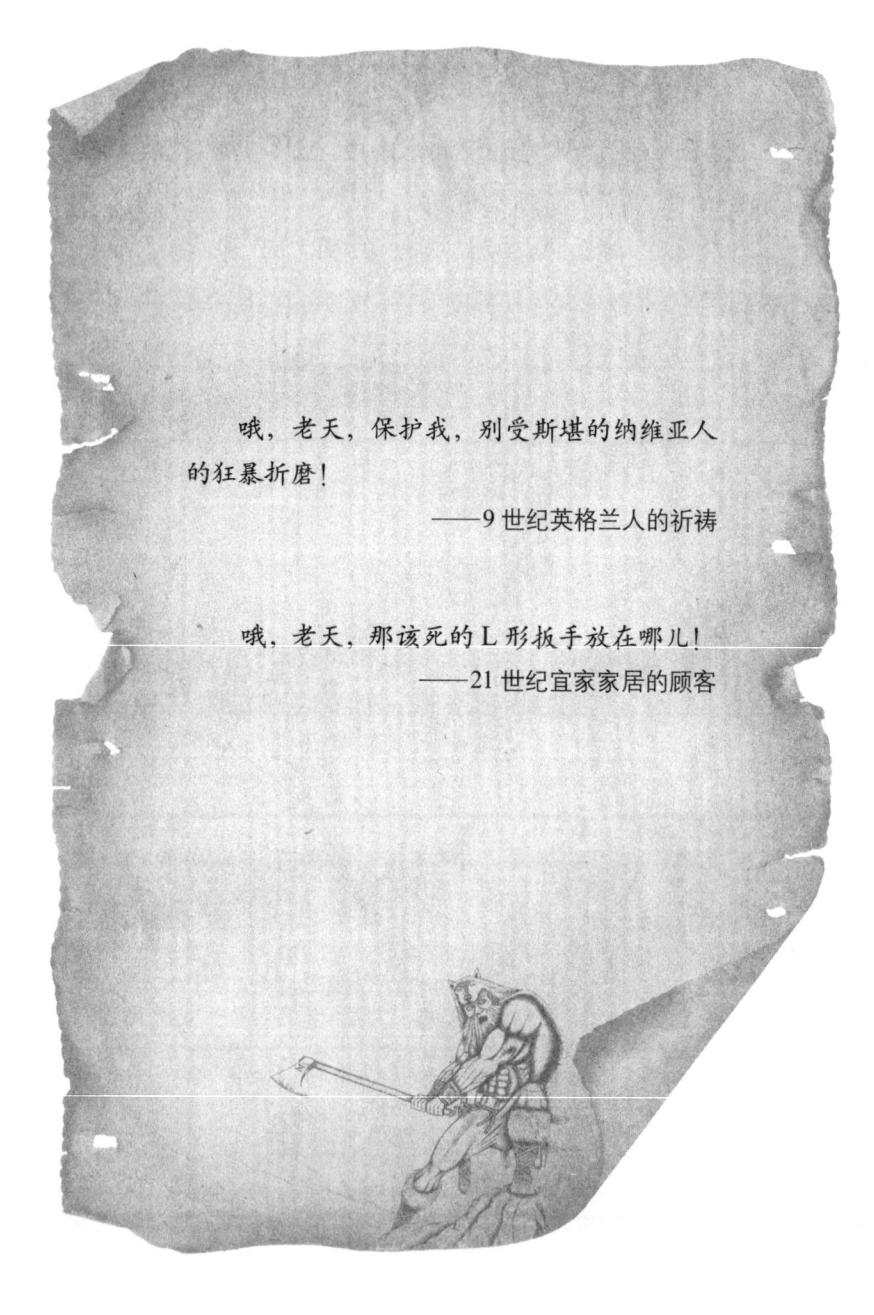

> 哦，老天，保护我，别受斯堪的纳维亚人的狂暴折磨！
>
> ——9世纪英格兰人的祈祷

> 哦，老天，那该死的L形扳手放在哪儿！
>
> ——21世纪宜家家居的顾客

B 企业文化 Corporate Culture

48

危机处理有两招

当灾难临头，当媒体开始在网络上肆意渲染，你有两个办法去对付：主动出击或当贵宾狗。

主动出击就是先出手反击，不管是硬碰硬，还是采用沟通的方式，以四两拨千斤。

蒙特·雷德 (Monte Reid) 集电影预告片配音员、演员、广告文案、牛仔等身份于一身，他讲了一个精彩的故事：

从前，一家做辣味牛肉豆酱 (Chili Con Carne) 的得州公司发生了一次重大灾难：一位顾客在他们的肉酱罐里发现了一只老鼠。这家公司的员工当然是慌作一团，但精明的老板笑了笑，说道："别急，替我买一段60秒的电视广告，要明天晚上的。"

工厂质量管理人员负责追踪这批产品，并且检视了工厂的录像带。当广告带即将被送到当地电视台播放时，生产经理也慢慢冷静下来了。

广告说："嘿！我是杰克·霍林(Jack Howling)，培比辣肉酱公司(Pepe's Chili)的老板。两天前，得州沃斯堡(Fort Worth)的史密斯先生在我们的一罐辣肉酱里发现了一只老鼠。我们彻底检查了所有的生产设备，无一遗漏地搜查了整个工厂，发誓要找出这个可怕事件的原因。查阅了录像带之后我们发现，工厂的一名员工，一个对我们怀恨在心的远亲，把一只老鼠放进罐里，希望毁坏家族的事业。如果你们从此不再购买我们的产品，我能理解，但我想补偿大家。我有一个提议，我们把一只塑料老鼠放进未来100万罐辣肉酱中的某一罐里，谁最先买到装有这只老鼠的罐头，我以个人的名义送他100万美元。这次活动就是我们不懈努力地生产最佳产品的宣言。在此之前，请接受我最诚挚的道歉。"

培比辣肉酱的销量因此暴增，公司生意兴隆，公共关系和企业声誉也得到空前的改善。在这次老鼠事件中，消费者强烈的情绪反应被企业同样强烈的情绪诉求化解了，结果远远超出所有人的意料。

而在另一种情况下，则最好采取完全不同的态度：当只贵宾狗。

B 企业文化 Corporate Culture

"当只乖乖的贵宾狗"(doing a full poodle)是挪威人帕尔·杰布森(Pål Jebsen)发明的一句斯堪的纳维亚用语。他是博雅公关公司(Burson-Marsteller)瑞典分公司的执行总裁。在谈到几年前瑞典的一次丑闻时,他说:"他最好是当只乖乖的贵宾狗(hel pudel,意思就是 a full poodle)。"

"乖乖的贵宾狗?"

"是的,我太太有条贵宾狗,只要她提高声调,这只狗就会翻身倒地,四脚朝天,它就是乖乖的贵宾狗。"

从此这个词跨越北海,英国《金融时报》(*Financial Times*)的数篇文章用到"doing a whole poodle"这句话。"Hel"在瑞典语里有"完整"(whole)和"全部"(full)的意思。在这个短语里,笔者认为"全部"更为贴切,就像摔跤中的双臂扼颈(full-Nelson)相对于单臂扼颈(half-Nelson),以及成熟周全(full blown)相对于半调子(half-assed)。

演员休·格兰特(Hugh Grant)在好莱坞召妓并被拍到脱裤子的照片后,他连续几个月不停地上各种脱口秀节目,然后在节目中做只乖乖的贵宾狗。他躺在地上,手脚朝天,一边说:"对不起,对不起,对不起……我当时到底在想什么啊?"他甚至请自己的祖母加入表演,说:"我告诉朋友他和几个男孩多喝了几杯,做了出格的事。"

如果你毫无还手之力,就做只乖乖的贵宾狗吧。若你还有老祖母可以帮忙说情,那就更好了。

49

市场调研是把双刃剑

如果你在1978年向100万名消费者提问，问他们家里是否需要一台计算机，大概没有人会说需要。然而4年之后，苹果计算机成为第一家销售额超过10亿美元的计算机公司。

斯堪的纳维亚的公司的基本原则是，尽量少花钱做正式的市场调研。这样做的部分原因是他们的预算比较少，因为他们的市场小、人口少，媒体宣传费用也比较低，直接在市场上试用产品的花费比做长期的研究更省钱。许多斯堪的纳维亚跨国公司把自己国家的市场当成"试验田"，而不是主要的收入来源（其中许多公司还把英文当成起草文件和沟通的正式语言）。结果，原本经过冗长的研究后可能会消失的创新理念，有幸得以到市场上一试身手。

B 企业文化 Corporate Culture

美国宜家家居的瑞典主管注意到，他们的饮用水杯滞销，但水晶花瓶却销售一空。他感到疑惑不解，不过很快就有了答案，原来美国人认为欧洲的杯子太小了，而宜家的花瓶可以装进许多冰块，正好用来做杯子。

宜家公司庞大，所做的市场调研却惊人地少，这使他们很容易估计错误。但这种先斩后奏的做法也多次让他们引领了时代潮流。他们总是大胆地相信直觉，并勇于犯错。

市场调研有利有弊。它使销量有保证，但扼杀了创新。别人的话听多了，我们就会听不到自己内心的声音。我们这个时代的伟大的创新，大概没有一个是因为做了正式的市场调研而产生的。

及时指出问题所在，足以改变整个产业，甚至是整个世界。

50

成功不只是靠运气

最后，运气也许是决定我们成功与否的最大因素。正因为它太重要了，所以我们不能干坐着等运气到来。

你越是努力地工作，失败的次数就越多；你尝试的方法越多，你就越幸运。

如果有人告诉你，你成功的概率是百万分之一，请你微笑以对。你知道吗？你降生于人间的概率是万亿分之一。百万分之一已经是个不错的机会了。

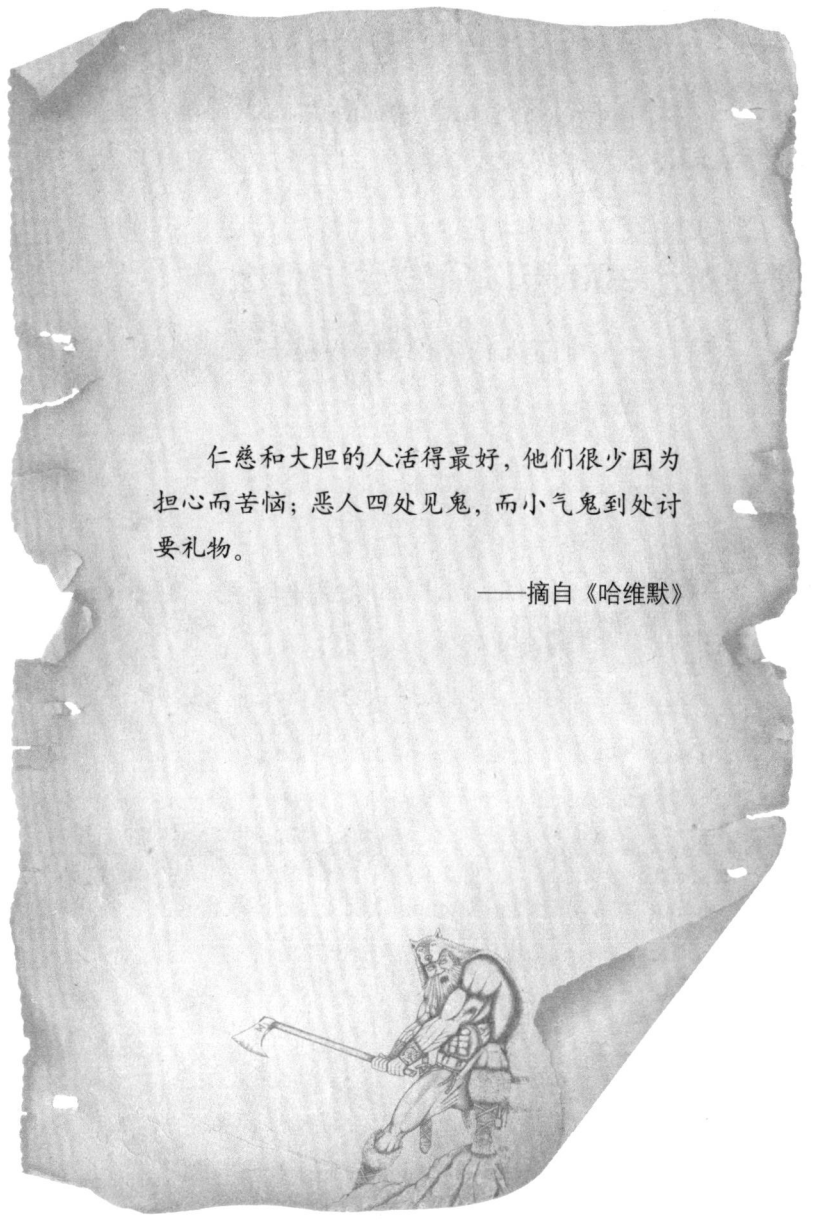

B 企业文化 Corporate Culture

仁慈和大胆的人活得最好,他们很少因为担心而苦恼;恶人四处见鬼,而小气鬼到处讨要礼物。

——摘自《哈维默》

附 录

公元 900 年以后发生了什么

（维京人依然活着……）

《魔戒》三部曲

约翰·托尔金（John Tolkien）作品中的许多素材和词句都来自斯堪的纳维亚神话。

《魔戒》三部曲的成功证明这些异教徒和侵略者留名千载。

玩 具

乐高、可动玩具（Playmobil）以及全球的其他玩具制造商不断引进维京人的故事。

城 市

维京人建立了基辅（Kiev）、诺夫哥罗德（Novgorod）、都柏林（Dublin）、约克（York）等城市，今天这些城市依然存在。(他们还烧毁了上百个城市，这些城市今天也还存在……)

俄罗斯

俄罗斯帝国最早由维京人建立的说法虽然广受争议，但是"俄罗斯人"(Russian)这个词确实可能从"罗斯"(rus)演变而来。这个词在东欧和俄罗斯就是指瑞典商人。

部分英语词汇

尽管古代斯堪的纳维亚人与古代的英格兰人同根，维京人还是贡献了近900个常用英语词汇。航海用语如右舷(starboard)、龙骨(keel)、船具(rig)；关于尘世和心灵的词如死亡(die)、渣滓(dregs)、泥沼(mire)、屠杀(slaughter)、崎岖的(rugged)；还有一些我们生活中必不可少的词，如他们(they、them)、他们的(their)、法律(law)、拿(take)、取(get)、丑陋的(ugly)、愤怒(angry)、雀斑(freckle)等。别忘了还有著名的以"sk-"开头的词，如滑行(skid)、皮肤(skin)、头颅(skull)、偷懒(skulk)、天空(sky)等。

地　名

有数百个地名以"-by"结尾，它的意思是"镇"或"农庄"，如Whitby、Derby、Rugby、Thoresby；而"-thorpe"是指"村"，如Althorp与Linthorpe；"-toft"是指"田园"，如Langtoft与Eastoft等地。

能让产品"卖出去"和"卖上价"的销售秘笈

克林顿首席谈判顾问、《优势谈判》作者
特别奉献给销售和采购人员的谈判圣经

★ 面对"只逛不买"的顾客,如何激发他的购买欲?
★ 面对迟疑不决的买主,如何促使他迅速作出决定?
★ 面对死砍价格的对手,如何巧妙应对?
★ 面对百般刁难的供应商和渠道商,又该如何招架?

翻开这本国际谈判大师罗杰·道森的经典之作,你很快就会知晓答案。在书中,罗杰·道森针对销售谈判中涉及的各种问题,提出了24种绝对成交策略、6种识破对方谈判诈术的技巧、3步骤摆平愤怒买家的方法、2种判断客户性格的标准等一系列被证实相当有效的实用性建议。

〔美〕罗杰·道森 著
刘祥亚 译
重庆出版社
定　价:38.00元

唯一得到两党特许全程贴身跟踪选战
《新闻周刊》资深记者团队连续七届大曝当选总统秘闻

★ 用犀利的笔锋点评全球热点问题
★ 用敏锐的眼光洞察政坛风云变幻
★ 用缜密的思维解读问题背后的真相

在《奥巴马凭什么赢》一书中,《新闻周刊》特派记者埃文·托马斯与你一起分享美国总统大选背后鲜为人知的故事,真实再现精英黑马奥巴马异军突起、奥巴马和希拉里之间白热化竞争、老将麦凯恩披挂上阵、佩林昙花一现、奥巴马一举当选总统的动人故事。书中传神地刻画了奥巴马团队的精诚团结、麦凯恩团队的管理混乱,以及希拉里团队的彼此中伤。

本书将为你揭开一个秘密——
奥巴马凭什么赢

〔美〕埃文·托马斯 著
中雷宁娜 译
重庆出版社
定　价:28.00元

全球销量超过 1 000 万册

美国前总统克林顿、《福布斯》鼎力推荐

丰富而经典的谈判大师手记
真实而有影响力的案例剖析

王牌谈判大师罗杰·道森通过独创的优势谈判技巧，教会你如何在谈判桌前取胜，更教会你如何在谈判结束后让对手感觉到是他赢得了这场谈判，而不是他吃亏了。

无论你的谈判对手是房地产经纪人、汽车销售商、保险经纪人，还是家人、朋友、生意伙伴、上司，你都能通过优势谈判技巧成功地赢得谈判，并且赢得他们的好感。

国际上最权威的商业谈判课程

连续数周雄踞《纽约时报》畅销书排行榜榜首
全球仅有的 28 名获颁 CSP&CPAE 认证的专业人员之一
《优势谈判》被列入普林斯顿、耶鲁等名校指定阅读书目

〔美〕罗杰·道森 著
刘祥亚 译

重庆出版社
定 价：38.00 元

揭秘美国 FBI 培训间谍的识谎技巧

如果无法阻止别人说谎
那就学会永远不上当

破谎宝典，还你天下无谎的世界。

这是一个充满谎言的世界。你要做的就是在 5 分钟内识破一切谎言！

在这本破谎宝典中，著名心理学家大卫·李柏曼教给你简单快速的破谎技巧，使你能从日常闲聊到深度访谈等各种情境中，轻松地发现真相。

书中援引了几乎所有情境下的破谎实例，教你如何通过肢体语言、语言陈述、情绪状态和心理征兆等微妙的线索，嗅出谎言的气息，避开欺骗的陷阱，还自己一个"天下无谎"的世界。

看眼睛，听语气，小细节暴露说谎者的大秘密
魔鬼般的识谎技巧，敲启幸福人生之门

〔美〕大卫·李柏曼 著
项慧龄 译

重庆出版社
定 价：26.80 元

短信查询正版图书及中奖办法

A. 手机短信查询方法（移动收费0.2元/次，联通收费0.3元/次）
1. 手机界面，编辑短信息；
2. 揭开防伪标签，露出标签下20位密码，输入标识物上的20位密码，确认发送；
3. 输入防伪短信息接入号（或：发送至）958879(8)08，得到版权信息。

B. 互联网查询方法
1. 揭开防伪标签，露出标签下20位密码；
2. 登录www.Nb315.com；
3. 进入"查询服务""防伪标查询"；
4. 输入20位密码，得到版权信息。

中奖者请将20位密码以及中奖人姓名、身份证号码、电话、收件人地址、邮编、E-mail 至：my007@126.com，或传真至 0755-25970309

一等奖：168.00人民币现金；
二等奖：图书一册；
三等奖：本公司图书6折优惠邮购资格。

再次谢谢您惠顾本公司产品。本活动解释权归本公司所有。

读者服务信箱

感谢的话

谢谢您购买本书！顺便提醒您如何使用 ihappy 书系：
- 全书先看一遍，对全书的内容留下概念。
- 再看第二遍，用寻宝的方式，选择您关心的章节仔细地阅读，将"法宝"谨记于心。
- 将书中的方法与您现有的工作、生活作比较，再融合您的经验，理出您最适用的方法。
- 新方法的导入使用要有决心，事前做好计划及准备。
- 经常查阅本书，并与您的生活工作相结合，自然有机会成为一个"成功者"。

优惠订购	订阅人		部门		单位名称	
	地址					
	电话				传真	
	电子邮箱			公司网址		邮编
	订购书目					
	付款方式	邮局汇款	中资海派商务管理（深圳）有限公司 中国深圳银湖路中国脑库A栋四楼　　　　邮编：518029			
		银行电汇或转账	户　名：中资海派商务管理（深圳）有限公司 开户行：招行深圳市银湖支行 账　号：5781 4257 1000 1 交行太平洋卡户名：桂林　　卡号：6014 2836 3110 4770 8			
	附注	1. 请您订购单连同汇款单影印件传真或邮寄，以凭办理。 2. 订阅单请用正楷填写清楚，以便以最快方式送达。 3. 咨询热线：0755-25970306转158、168　　传　真：0755-25970309 　　E-mail: my007@126.com				

→利用本订购单订购一律享受9折特价优惠。
→团购30本以上8.5折优惠。